K-공대생 열다, 책방

K-공대생 열다, 책방

열다지기 김은철

Prologue. 멋지게 미친 놈

공대를 나왔습니다. 건축과도 공대냐고 물으신다면 좀 애매하다 대답하겠습니다만, 어찌 되었건 제가 졸업한 학교에서는 공대 소속이었습니다. 정확하게는 '공과대학 건축공학과 건축학전공'이라는 괴상한 전공이었죠. 건축학을 전공했으니 건축설계를 할 줄 아셨겠지만 4학년을 마치고(건축학 전공은 5년제였습니다) 건설회사로 방향을 정했습니다. 건축설계는 돈 벌기가 힘들거든요. 제가 재능과 끼로 똘똘 뭉친 천재 소년이었다면 어떻게든 설계에 도전해봤겠지만 아쉽게도 제게는 그리 대단한 재능은 없었습니다.

건설회사에서는 11년 4개월 근무했습니다. 주로 건축 설계팀에 있었고, 중간에 2년 정도 현장 근무를 했습니다. 5년 차에 대리, 9년 차에 과장을 달았으니 특출나지도 모자라지도 않은 무난한 직원이었나 봅니다.

2022년 3월 사직서를 냈습니다. '이직'이 아니라 '퇴사'이고, '책방'을 열 예정이라고 하니 '멋지게 미친 놈'이라는 별명을 붙여주셨습니다. 이왕이면 '미치게 멋진 놈'이고 싶었는데 그런 건 강동원 얼굴이어야만 가능하다고 합니다.

그래서 '자칭' 훈남 책방지기의 이야기를 풀어볼까 합니다. 어떻게 미치면 회사를 때려치우고 책방을 하게 되는지, 책방을 열려면 어떤 것들을 준비하면 좋을지, 책방을 운영하면서 어떤 일들이 있었는지 썰을 풀어보려 합니다. 책방지기를 꿈꾸는 분들께 작은 도움이라도 된다면 매우 기쁘겠습니다. 사실은 책방 따위 꿈도 꾸지 말라고 얘기하고 싶지만 어차피 제 말 안 들으실 거잖아요? 기왕에 칠 사고라면 제대로 사고칠 수 있도록.

(이제 곧) 3년 차 책방지기의 따끈따끈 삽질 스토리.

시작합니다.

목 차

Prologue. 멋지게 미친 놈 　　　　　　　　　7

I. 때려치우자!

이별의 징조는 작은 곳에서부터　　　　　14
모든 이별에는 이유가 있다　　　　　　　20
독서 모임이 내 아이덴티티였다　　　　　25
'인생'에 '무기력'이 찾아온 '시점'　　　　28
퇴사, 뭐가 이렇게 복잡해?　　　　　　　34
열다지기 무물 Q1

II. 열자!

남들은 어떻게 하고 있지?　　　　　　　44
모를 땐 닥공　　　　　　　　　　　　　48
가로 × 세로 × 높이　　　　　　　　　　53
책방의 풍수지리　　　　　　　　　　　　59
전공을 여기서 살리네　　　　　　　　　　64
책방은 어디서 책을 살까　　　　　　　　70
무리하지 말고 할 수 있는 것을 하나씩　　75
벼락 부자 아니고 벼락 사장　　　　　　　79
열다지기 무물 Q2

Ⅲ. 버티자!

독립출판물을 아시나요? 88
책장은 지기를 닮는다 93
좌 인스타, 우 네이버 97
책과 책, 북큐레이션 102
사람과 사람, 독서 모임 107
살아남느냐 사라지느냐 114
프로그램 서바이벌은 진행 중 118
없으면 안 돼, 도서관 124
열다지기 무물 Q3

Ⅳ. 죽겠다!

독서 모임은 인연을 싣고 132
만날 결심, 헤어질 결심 137
하루종일 한 마디도 하지 않는 날 140
너, 내 동료가 되어라 144
기억에 남는 손님들 147
아이 해브 어 드림, 흑자 152
대답하기 곤란한 질문들 157
좋아하는 게 일이 되면 더 힘들다던데 162
책방 연 걸 후회해본 적 있냐고? 166
열다지기 무물 Q4

V. 그래도 간다

'열다, 책방' 2034   174
'독서'의 시대는 다시 돌아올까?   177
꽃길 말고 흙길   182

Epilogue. 내일도, 열다, 책방   186

부록. 응원의 마음을 담아, N   189

일러두기
1. 본문의 숫자 표기는 한글과 아라비아 숫자를 혼용하였습니다.
2. 본문 중 작가의 글맛을 위해 구어체, 표준어가 아닌 표현을 사용하였습니다.

I. 때려치우자!

이별의 징조는 작은 곳에서부터

내가 다녔던 회사는 신입사원 채용을 그룹 차원에서 진행했다. 계열사는 다양하지만 비슷한 시기에 채용하고 함께 신입사원 연수를 진행한다. 3주간 그룹사 신입사원 연수가 끝나면 우리 회사만의 연수를 별도로 진행했다. 연수의 마지막 날, 마지막 프로그램은 인사팀과의 면담이었다. 이 면담 결과에 따라 입사원서에 지원한 부서에 갈 수도 전혀 다른 부서에 가게 될 수도 있는 것이다. 면담에 소요되는 시간은 사람에 따라 다른데, 짧으면 5분 만에 나오기도 하지만, 길어지는 사람은 30분을 넘기기도 했다. 헉, 다음이 내 차례다.

"김OO 씨?"

"넵!"

"설계 전공하셨네요?"
"넵!"
"그럼 꼼꼼하시겠네요."
"넵?"
"알겠습니다. 나가보세요."
"네엡…?"
최단기록은 내가 세웠다.

나중에 들은 얘기로는 처음부터 부서가 정해져 있었다고 한다. 바로 '건축 설계팀'. 채용계획을 세울 때부터 건축 설계팀에서 신입사원을 보내달라고 요청했고, 그래서 날 뽑은 것이었다. 심지어 99명의 합격자 중 건축사업본부에 배당된 사람은 단 두 명. 당시는 플랜트 사업이 잘 나가고 건축사업이 잘 안되던 시기라 애초에 T/O가 별로 없었는데 그걸 뚫고 들어온 거라 했다.

회사 일은 하나부터 열까지 배워야 할 일로 가득했다. 가장 많이 한 일은 납품된 도면을 공종별 담당자들에게 배달하는 일이었다. 내가 배달하려고 대학을 5년 다녔나 회의감이 들기도 했지만, 어차피 해야 할 일이라면 딱히 할 줄 아는 게 없는 막내가 하는 게 회사 전체의 생산성을 올리는 길이라 생각하니 그 또한 나름 합리적이다 싶긴 했다. 물론 내가 대리로 승진할 때쯤엔 문화가 많이 바뀌어서 자기 도면은 자기가 배달하는 분위기가 정착되었다. 아니 서운했다는 건 아니고….

위기는 전조 없이 찾아왔다. 만 4년을 채우고 대리가 된 어느 날, 갑자기 상무님에게 보고할 일이 생겼다. 부서장 보고도 아니고 임원 보고는 보통 사수인 선배의 역할인데, 그날따라 사수가 출장으로 자리에 없었던 것이다. 다행히 보고 내용은 절차상 임원을 거쳐야 할 뿐인 아주 간단한 내용이었다. 그래서 부서장은 가볍게 나에게 상무님께 보고하고 오라고 말했고, 나도 별생각 없이 상무님 방에 노크를 했다. 그래 너무 방심하고 있었….

"안녕하십니까 상무님, 김OO 대리입니다. 결재 건이 있어서 왔…."

"어, 김 대리. 김 대리 몇 년 차지?"

"올해가 대리 달고 첫해입니다. 입사로부터 계산하면 5년 차입니다."

"그래? 그럼 김 대리는 현장 나가고 싶지 않아?"

응? 뭐라고? 현장? 여기서 대답 잘해야 한다. 여기서 이상한 얘기 했다간 회사 생활 꼬이는 거야.

"아, 네. 건설회사 직원으로서 현장 경험은 필요하다고 생각합니다."

"그래. 알았어. 나가봐. 아, 그리고 그 건은 결재했어."

잘 대답한 거겠지? 두 시간 뒤에 부서장이 호출했다.

"야, 김 대리. 니 상무님한테 현장가고 싶다 켔나?"

"네? 제가요?!"

돌이켜보면 '네'라는 단어로 문장을 시작하면 안 되는 거였다. 나의 '네'는 문장 시작하기 전에 등장하는 감탄사 같은 거였지만 상무님에게는 예스 그 이상도 이하도 아니었다.

당시 회사는 간접비 축소를 위해 본사 직원을 현장으로 보내려고 리스트를 작성하던 중이었다. 각 실을 담당하던 임원들에게 몇 명을 내보내라고 할당이 떨어졌는데 바로 그 타이밍에 내가 보고를 들어간 것이다! 타이밍 참. 내심 본사 근무를 벗어나고 싶었던 차라 별말 없이 전보 조치를 받아들이긴 했지만.

그렇게 발령받아 간 현장은 내 인생에 큰 영향을 미쳤다. 현장은 나쁘지 않았다. 물론 7시까지 출근해야 한다는 사실과 툭 하면 야근한다는 것, 대부분 회사 숙소를 이용하기 때문에 퇴근해도 계속 같은 얼굴을 마주쳐야 한다는 것은 좀 적응하기 힘들었지만. 그래도 함께 일하는 동료들이 다들 좋은 사람이었고 실력 있는 사람이었다. 본사에서 발령받아 온 정규직보다 현장에서 채용한 계약직이 더 뛰어날 수 있다는 걸 직접 경험하게 되었다. 학벌과 학력이 그 사람을 정의할 수 없다는 것도 알게 되었다. 성실함과 노력이 얼마나 큰 자산인지도 알게 되었다. 과거는 참고 사항일 뿐 절대 누군가의 현재일 수 없다는 것을 배웠다.

흔히 현장은 '몸은 힘든 대신 머리는 힘들지 않은 곳'이라고 말한다. 본사 근무는 출퇴근이 편하고 업무도 몸 쓸 일은 거의 없지만 유관부서나 발주처 협의 등 신경 쓰고 머리를 굴려야 할 일이 많다. 반면에 현장 근무는 새벽에 출근하여 하루 종일 현장을 돌아다녀야 해서 몸은 매우 피곤하지만, 정해진

일만 하면 되니 업무 자체에 대한 스트레스는 크지 않다고 했다. 즉, 본사가 현재는 편하고 미래가 고통스럽다면 현장은 현재는 고통스러워도 미래는 편안한 구조인 셈. 하지만 내게 현장은 미래에 대한 고민을 가득 안겨준 곳이었다.

현장은 '건설회사의 꽃'이라 불린다. 실질적으로 매출이 일어나고 사건사고가 일어나는 곳이기 때문이다. 그러다 보니 당연히 다양한 사람이 모인다. 그 안에는 누가 봐도 승승장구하는 사람이 있고 저 사람은 참 힘들게 산다 하는 사람도 있기 마련이다. 안 풀린 케이스야 당연하지만 잘 풀린 케이스도 쉽지 않은 삶이다. 주말 작업이 필수인 현장에서 보통은 교대로 현장 근무를 하지만 관리자는 자리를 비우기 어렵다. 본인이 불안하고 초조하기도 하겠지만 작업자와 직원들의 긴장도 유지를 위해서 관리자가 현장에 관심을 많이 갖고 있다는 것을 어필해야 한다. 당연히 주말에도 근무하는 날이 많아지고, 가족과의 원활한 소통은 어려워진다. 가족을 위해 헌신했지만 정작 그 가족들과 데면데면할 수밖에 없는 운명. 그것이 현장 근무의 가장 큰 어려움으로 느껴졌다.

회사 생활의 롤모델을 찾을 수 없기는 본사도 마찬가지였다. 현장이 준공되고 설계팀으로 복귀한 후 나 자신에게 물었다. 과연 여기서 내가 이룰 수 있는 것은 무엇일까. 열심히 일하다 보면, 어쩌면 설계 부서를 책임지는 저 부서장 자리까지는 갈 수 있겠지. 그래서 뭐? 중간관리자가 얼마나 많은 사람의 눈치를 보아야 하며 얼마나 많은 스트레스를 받는 자리인지는 회사 생활을 해본 사람이라면 누구나 알 터. 특히 회사의 메인 부서가 아닌 지원 부서의 부서장이 얼마나 괴로운 자리인지 과장으로 승진하고 보니 더 생생하게 보였다. 직책수당 30만 원과 머리카락의 명도를 맞교환하는 그런 자리랄까.

그것이 과연 내가 원하던 일일까? 그 자리를 얻으면 난 행복할까? 아무리 생각해도 이 질문에 긍정적인 답을 할 수가 없었다.

모든 이별에는 이유가 있다

커리어만이 문제는 아니었다. 그보다 내 가슴을 오래 더 무겁게 누른 짐은 내가 다니던 회사가 아파트 건설을 주력으로 하고 있다는 사실, 그 자체였다. 그게 왜 문제냐고? 왜냐하면 아파트는 인간이 거주하는 방식 중 가장 최악의 형태이기 때문이다. 물론 내 생각일 뿐이다.

아파트는 효율적이다. 일단 냉난방 부하가 단독주택에 비해 현저하게 줄어들고, 규모의 경제를 통해 다양한 장점을 만들어낼 수 있다. 근대 건축의 아버지 르 꼬르뷔지에가 이야기한 것처럼 좁은 땅에 건물을 높게 세워 거주의 밀도를 높이면 남은 땅에 공원이나 복리시설을 설치할 수 있다. 르 꼬르뷔지에도 자신의 이상이 유라시아대륙 동쪽 끝의 작은 나라에서 실현될 줄은 몰랐을걸?

다만 그 효율을 위해 포기해야 하는 것이 너무 많다. 첫 번째로 사람 간의 교류가 절단된다. 프라이버시라는 이름으로 은밀화된 동선은 사람과 사람이 만날 수 있는 접점을 최소화한다. 1,000세대짜리 아파트면 인구가 2,000~3,000명이 된다는 뜻인데, 이 정도의 인구면 단독주택 기준으로 거의 하나의 동네다. 하지만 골목길을 통해 이웃과의 접점이 다양하게 만들어지는 단독주택 단지에 비해 아파트 단지는 주차장과 내 집을 연결하는 엘리베이터가 이웃과 마주하게 되는 유일한 공간이다. 겨우 몇 초 마주 보는데 무슨 수로 대화를 나누고 교류를 나눌 수 있겠나. 교류가 없는 마을에 '이웃'이란 언감생심, 있을 수 없는 개념이다.

두 번째, 조금 더 멀리서 바라보자면 아파트 단지는 동네를 절단한다. 아파트 단지는 사유지다. 법적으로 담장을 칠 권리가 있다. 이는 마을 하나의 면적에 길이 모두 사라지고 담장으로 가로막힌다는 이야기이다. 아파트 단지 밖에 사는 사람은 지하철역에 가기 위해 아파트를 빙 돌아가야 한다. 아파트를 파는 입장에서는 지하철역과 바로 연결되거나 가깝다는 것은 좋은 홍보 요소다. 하지만 홍보물에서 느껴지는 '나만 편하면 되고 이로 인해 인근의 동네 주민에게 어떤 불편이 발생하는지는 고려하지 않겠다'는 굳은 의지는 견디기가 참 어렵다.

세 번째로 고층 아파트는 경관이라는 개념을 없애버린다. 도시에서 주변을 둘러보아도 아파트밖에 없는 현실은 이미 오래되었다. 이제는 도심을 벗어나도 산자락에 불쑥 솟은 아파트 몇 동 때문에 산이 더 이상 자연으로 보이지 않는 시대가 되었다. 김정호 선생이 지금의 한반도를 살핀다면 통탄하시지 않을까.

하나만 더 보태자면 아파트는 사람의 사고방식이 획일화되는 데도 큰 영향을 미친다. 전국 어디나 균질화된 2.3m 높이의 사각 공간에서 삶을 살고 있는 인생들이 '창의력'이라는 개념을 글과 영상으로 배운들 내재화할 수 있을까. 이를 한 건축가는 자신의 저서에서 천정고 2.4m짜리 학교 교실이 학생들의 창의력 발달에 악영향을 끼침을 말한 적이 있다. 그렇다면 "낮은" 공간에서 "오랜" 시간 머무르게 되는 아파트에서는 더 나쁜 영향을 받을 것임을 유추하기란 어렵지 않은 일이다. 개인적으로는 창의력뿐만 아니라 '다양성을 수용하는 능력'에도 큰 영향을 미치리라 생각한다. 평생을 도시, 그중에 아파트 단지에서만 살아본 사람이 농촌의 삶에 거부감을 느끼는 것은 비단 근대소설에서만의 이야기는 아닐 것이다.

이 외에도 아파트가 대한민국에 얼마나 악영향을 미치는지 이야기하자면 3박 4일도 모자라지만 여기까지만 하는 것으로 하고. 문제는 내가 '악의 축'인 그 '아파트'를 만들고 파는 일을 하고 있다는 사실이었다. 설계사가 도면을 가져오면 당사 기준을 들먹이며 표준화하는 것이 내 주된 업무였고, 영업팀에서 요청하면 발주처 회의에 참석하여 "왜 당사 기준대로 가는 것이 발주처에도 이득인지"를 설득하는 것이 그 다음 업무였다. 거짓말은 할 필요조차 없다. 실제로도 전체 사업에서 공사비의 증감보다는 초기 계약률이나 일정 지연으로 발생하는 이자 같은 금융 비용이 훨씬 중요하기 때문이다.

다만 이런 표준 설계안은 효율을 우선시하다 보니 대부분의 건설사가 거주환경에 대해 법정 최소치, 그 이상은 하지 않는다. 동 간 거리가 너무 가까워서 앞집이 들여다보이는 경우도 있고 소음과 진동이 법정 최대치인 경우도 많다. 보이는 마감 부분은 고급스럽지만 실제로 생활에서 영향을 받게 될, 보이지 않는 부분의 디테일들은 포기하고 가는 경우도 많다. 물론 그러한 포기가 발생한다는 사실은 아무도 모른다. 보통의 사람들은 그것이 문제인 줄조차 인식하지 못할 것이다. 하지만 설계 담당인 나는 안다. 무엇이 거주성에 영향을 주는지 어떤 동의 몇 층이 좋지 않은 환경에 놓일지 예측이 된다. 하지만 조치할 수 없다. 그렇게라도 한 세대를 더 넣어야 발주처의 이익이 올라가기 때문이다. 시공사도 공사비 조금 더 받고.

지겨웠다. 말이 됨과 말이 안 됨 사이의 경계에서 줄타기를 하는 날들이. 그리고 집값이 올랐다는 혹은 올려야 한다는 이유로 아무도 그 문제에 대해 말하지 않는 상황이. 절대다수의 사람이 집을 '삶을 살아가는 공간'이 아니라 '재테크의 수단'으로 생각한다는 사실이 실망스러웠다. 살 때부터 팔 때를 고민해야 한다는 사실이 이상하게 느껴졌다. '살고' 싶은 집이 아니라 '사고' 싶은 집을 찾는 사람으로 가득한 세상이 그로테스크해 보였다.

시간이 지나면 그 감정이 무뎌질 줄 알았는데 10년이 지나도 무뎌지지 않았다.

그래서 결심했다. 이제 떠날 때가 되었어.

독서 모임이 내 아이덴티티였다

 2019년 6월부터 한 독서 모임의 회원으로 참석했다. 하지만 지내다 보니 안 맞는 부분이 느껴져 모임장과 이야기하다 12월에 결국 독립하기로 했다. 당시 이름은 '송아작독(송도 아주 작은 독서 모임)'. '소모임'이라는 앱을 기반으로 25명 정원으로 운영했고 월회비를 받아 한 번에 최대 10명이 모여 대화를 나누는 작은 독서 모임이었다. 굳이 소규모로 운영한 이유는 이름 때문이었다. 그런 의도를 갖고 만든 이름은 아니었지만 가입하는 사람마다 이름이 멋지다며 작게 운영하는 모임 같아서 가입했다고 하길래. 멋있다는데 안 할 수가 없잖아.

 이때 소규모 회원제 운용이 얼마나 힘든지 뼈저리게 느꼈다. 전체 정원과 모임별 적정 인원의 수를 정하는 것부터 월회비를 걷고 월회비 내에서 장소 임대료와 음료를 해결하는 것까지 쉽게 할 수 있는 게 하나도 없었다. 내가 남겨 먹는 돈은 한 푼도 없지만, 그래도 회비 내고 참가하는 회원들에게 불만족스러운 경험을 주어서는 안 되는 것 아닌가! 쉽지는 않았지만 나름 재미있게 잘 운영했다.

하지만 결국 그분이 오셨다. 멀리 우한에서 오신 그분. 이름만 들어도 현기증 나는 코로나 나인틴. 모일 장소도, 나오는 사람도 없었다. 나오라고 할 수도 없었다. 그렇다고 온라인 모임으로 진행하자니 독서 모임 같지가 않았다. 소규모로 정해진 인원 내에서 진행하는 방식으로는 아무것도 할 수 없었다. 2020년 5월부터 12월까지 활동을 거의 못 했다. 변화가 필요했다. 2021년이 되자마자 모임의 이름을 'ShallWeRead'로 바꾸고 인원 제한도 풀고 월회비가 아닌 참가비 방식으로 변경했다. 책이 마음에 들면 참가비를 내고 참가하는 거고, 마음에 안 들면 참가 안 하면 그만인 거다. 이렇게 바꾸고 나서는 완전히 빵꾸난 적은 없었다. 3명이 한 적은 많았지만.

독서 모임을 운영할 때 나름의 원칙이 있다. 회원의 나이를 묻지 않는다. 혈액형이나 MBTI도 묻지 않는다. 직장은 어딘지 전공은 뭔지 결혼은 했는지 자녀가 있는지도 묻지 않는다. 심지어 이름을 밝히기 싫으면 닉네임만 써도 된다.(가끔 사는 곳은 묻는다. 카풀을 위해) 철저하게 배경을 가려놓고 이 사람이 어떤 책을 읽는지 이 책을 읽고 어떤 말을 하는지 다른 사람의

말을 어떤 마음과 자세로 듣는지를 통해 서로를 알아간다.[1]

처음에는 미스터리한 게 더 재미있을 것 같아서 별생각 없이 도입한 방법이었는데 하다 보니 의미가 있는 것 같아서 지금의 '열다 북클럽'에도 동일하게 적용하고 있다. 전공자의 말이라고 더 무게를 두지 않는다. 그 분야를 전혀 모르는 사람에게서만 나올 수 있는 통찰도 있다. 내가 사전에 재단하지 않은 새로운 세상을 온전히 만날 수 있다.

---

[1] 이런 걸 '느슨한 연대'라고 부른다고 하는데 당연히 단점도 있다. 커뮤니티가 형성되지 않는다. 당연하다. 느슨한데 뭔 연대? 심지어 1년 가까이 함께 활동했음에도 서로에 대해 아는 게 하나도 없을 수도 있다! 고민이 된다. 이게 맞는 건가?

'인생'에 '무기력'이 찾아온 '시점'

 퇴사를 결심하게 해 준 두 권의 책이 있다. 에리히 프롬의 『나는 왜 무기력을 되풀이하는가』(나무생각, 2016)과 톨스토이의 『인생에 대하여』(바다출판사, 2020)가 바로 그것이다. 내 인생을 송두리째 바꿔준 이른바 인생 책들이다.
 『나는 왜 무기력을 되풀이하는가』는 에리히 프롬 사후, 제자인 라이너 풍크가 에리히 프롬의 강연 중 자기 주도적 삶에 대한 내용만 모아 펴낸 책이다. 이 책에서 저자는 자유를 자아의 실현으로 본다. 자아실현이란 "사고하는 행위뿐만 아니라, 전인격의 실현을 통해 모든 감정적, 지적 가능성이 자발적으로 것으로 표현"되는 것을 말한다. 하지만 자본주의를 기반으로 하는 현대사회는 스스로를 사물화하여 자신의 인격을 시장에 내다 팔게 되고 이에 따라 인간의 가치도 시장이 결정한다.('자신감', '자존감'이라는 단어는 얼핏 생각하면 내가 나의 가치를 매길 수 있다는 의미인 것 같지만, 알고 보면 결국 남이 나를 어떻게 생각하는지에 관한 나의 생각일 뿐이지 않나!) 이에 대한 대안으로 에리히 프롬은 '자아감'을 제안한다. 스스로가 되풀이될 수 없는 유일한 존재라는 느낌을 가져야 한다는 것이다. 하지만 현실적으로 상품화된 인간이 자아감을 갖기는 어렵고 특히 현대인은 대부분 어느 정도의 무력감을 느끼며 살 수밖에 없다. 차라리 깨닫지 못한다면 슬프지라도 않을 것을. 깨닫고 나면 선택지는 별로 없다. 나를 둘러싸고 있는 틀에 수긍하든지, 외면하든지, 깨부수든지. 내 삶을 돌아보았을 때 나는 수긍형에 가까웠다. 주변 사람의 기대에 못 미치면 나 자신을 타박하는 습관이 들어 있었다. 그에 대한 반발로 과도한 자기방어도 같이 일어나서 자기 비하와 잘난 척의 양극단을 오가는 것이 마치 원래의 성품인 양 내 안에 자리 잡고 있었다.

    깨고 싶었다. 조직을 떠나야 내가 나의 진정한 가치를 발견할 수 있겠다. 이것이 내가 내린 결론이었다.

    『인생에 대하여』는 책방 투어 도중 한 독립서점에서 발견한 책이다. 표지의 톨스토이 할배가 너무 멋있어 보여서 별생각 없이 '가벼운 에세이겠거니' 하고 구입했는데 오해였다. 알고 보니 톨스토이 할배는 가벼운 에세이를 쓰는 사람이 아니었다! 진지하기로 따지면 아마도 인류 역사를 통틀어도 한 손에 꼽을 만한 할배의 이 책은 인생과 행복에 관한 '소논문'에 가까웠다.

  톨스토이는 '인간은 행복하기 위해 살아간다'라고 단언한다. 다만 그 행복이 우리가 흔히 생각하는 즐거움, 만족감 같은 것과는 거리가 좀 있다. 그가 말하는 행복은 "자신의 동물적 법칙을 이성에 복종시키는 것"(79p)이다. 인간은 자신의 쾌락을 최우선으로 여기는 경향이 있는데 (필수재가 아닌) 쾌락은 다른 존재의 희생을 통해 얻어진다. 하지만 누구도 자신을 희생하여 타인의 쾌락에 기여하고 싶지 않으므로 결과적으로는 아무도 쾌락을 취할 수 없다. 이것이 그가 말하는 동물적 법칙이다. 이 동물적 법칙을 '만민(동식물 포함)에 대한 사랑'을 의미하는 이성에 복종시켜야만 행복에 도달할 수 있다. 즉 자신만의 쾌락 추구는 이기적일 뿐만 아니라 타인을 일방적으로 영원히 짓밟을 수 있는 능력이 없는 한 구현이 불가능하다. 오히려 자신을 제외한 모든 존재의 행복을 추구한다는 것은 일견 비현실적으로 보여도(당연히 비현실적이다!!) 일단 구현된다면 나를 제외한 모든 존재가 나의 행복을 추구할 것이므로 진정한 행복에 도달하는 유일한 길이 된다. 즉, "인간이 행복의 불가능성을 끊어내고 행복을 성취 가능한 것으로 만들기 위해서는, 개체의 행복 추구를 다른 모든 존재의 행복 추구로 대체해야 한다."(121p) 그 과정과 논리적 근거를 무려 240페이지에 걸쳐 장황하게 설명하는데 한 문장으로 줄이면 이렇다.

"인생의 목적은 행복이며, 이 행복은 타인 모두를 사랑함으로써만 얻을 수 있다."

2020년 즈음 나는 무기력과 우울함에 빠져 있었다. 나 스스로는 그 이유를 '세상에 재미있는 게 없어서'라고 생각하고 있었는데 두 천재는 내게 말해주었다. 내가 삶의 이유를 찾지 못했을 뿐이라고. 무기력에서 벗어나기 위해서는 '내가 나일 수 있는' 상황에 나를 두어야 하고, 내가 행복하기 위해서는 '타인에게 기여할 수 있는 삶'을 살아야 한다고. 부품으로 살아가는 삶 말고 타인의 경제적 상황에 기여하는 삶도 아니고. 톨스토이의 행복을 몰래 전하는 삶. 타인이 다른 타인에게 기여할 수 있도록 기여하는 삶. 그 과정에서 모든 것이 나에게서 출발하여 나에게로 돌아오는 삶. 함께 일할 때도 프로세스로서의 부품이 아니라 주체로서의 협력인 삶. 그것이 과연 무엇일까 고민하던 차에 그곳을 만났다.

"강화도는 아직 대응 단계가 올라가지 않아서 이용할 수 있는 카페가 있대요!"

코로나가 본격적으로 심각단계로 올라선 2020년 12월. 하지만 난 연차를 냈지. 회사 가기 싫었거든. 마침 독서 모임 회원님의 제보가 있었다. 인천은 코로나 대응 단계가 올라서 카페를 이용할 수 없지만 강화도는 인천과 대응 단계가 달라서 카페를 이용할 수 있다는 것이었다. 그렇다면 가야지! 인천 송도에서 강화도까지 룰루랄라 하면서 한 시간을 운전해서 갔는데 뭔가 느낌이 싸하다?? 주차장이 텅 비었다고? 그럴 리가. 여긴 오션뷰에 맛있는 커피로 유명한 블로그 최상위 맛집인데? 하고 문을 여는데 테이블이 없다. 아니 정확하게는 저쪽 구석에 차곡차곡 쌓여있었다. 문을 열고 들어오는 나를 보는 직원들의 눈빛이 흔들린다. 하지만 이 정도에 물러설 순 없지. 당황하지 않은 척 자연스럽게 카운터로 가서 커피를 주문하는데 돌아오는 질문.

"지금 코로나 대응 단계 상향으로 매장 이용이 어려우신데 괜찮으시겠어요?"

"네(역시…ㅠ). 테이크아웃 잔에 주세요."

테이크아웃 잔에 담긴 따뜻한 아메리카노를 들고 차 안에서 잠시 고민했다. 어쩌지. 다른 데도 다 이럴 텐데. 그래 서점을 가자. 한 시간 걸려 왔는데 어디라도 가야지. 여긴 오늘 휴무고, 여기는 맘에 안 들고. 그래 여기다.

그렇게 방문한 곳이 강화도의 북 스테이 겸 서점 '책방 시점'이었다. 책방 시점은 여태까지 방문한 그 어느 장소와도 달랐다. 통창으로 들어오는 따뜻한 햇빛. 그림자로 인한 빛과 어둠의 대조가 극명하게 보이는 백색의 벽. 그 벽에 기대어 있는 연한 나무색의 책장들. 높은 천장에 매달린 노란색 조명들. 크고 작은 책장과 테이블에 놓인 책들. 가벼운 책과 무거운 책의 조화. 손님을 전혀 예상치 못하셨는지 긴장하던 책방지기도 낯선 이방인이 서가를 하나하나 뜯어보기 시작하자 커피 한 잔을 내려주시곤 장작을 마저 패러 나가셨다. 응? 장작을 팬다고? 21세기에? 그런데 그마저도 자연스럽게 느껴지는 건 여기가 책방이라서일까?

게다가 그날 만났던 책들도 환상적이었다. 『글쓰기의 최전선』을 통해서 은유 작가님을 알게 되었고 '문학동네 베스트 컬렉션'을 통해 박완서 작가님의 글이 얼마나 세련된 지 알게 되었다. 유유 출판사뿐만 아니라 '땅콩 시리즈'라는 라인업도 처음 알았다. 그 이후로 내가 사 읽은 유유 출판사 책만 해도 20여 권에 달한다.(당연히 책방에도 입고되어 있다) 내가 얼마나 편협하게 책을 읽어왔는지 깨닫게 된 시간이었다.

그날 책방 시점에서 느낀 감정을 한 마디로 축약해 보자면, 따뜻함? 힐링? 현관을 열고 책방에 처음 들어갔을 때 본 그 충격을 아직도 잊지 못한다. 그 햇살을 본 시점에 내 영혼은 이미 무언가를 결심하고 있었다.

이거다. 내가 찾아 헤매던 안식처.
온전히 나에게 귀속되는,
내가 나일 수 있는,
사람들에게 도움이 될 수 있는,
그런 일.

그리고 무엇보다 가장 마음에 든 점은 어차피 돈 벌기 그른 직종이라는 거. 멋있잖아?

퇴사, 뭐가 이렇게 복잡해?

　책방을 하기로 결심한 것은 2020년 12월. 퇴직을 하기에 가장 좋은 시기는 3월 말에서 4월 초. 연차 보상, 성과급 지급 등 돈 나올 구석이 많았다. 하지만 3개월은 창업을 준비하기에 너무 짧았다. 당장 서점에서 무슨 일을 해야 하는지도 모르는데 창업은 무슨 창업.

　그렇다면 퇴직할 때까지 뭘 해야 할까? 당연히 일단 책부터 샀다. 참으로 운이 없게도 집에서 횡단보도 하나만 건너면 알라딘 중고서점이 있었다. 산책하다 한 권, 저녁 먹으러 나온 김에 두 권, 약속 시간까지 시간이 남아서 세 권. 집에 책이 과도하게 쌓이기 시작했다. 출장을 활용한 각 지역의 독립서점 투어도 빼놓지 않았다. 브런치에 올라오는 책방/출판사 오픈기를 찾아서 챙겨 읽기 시작했다. 스스로의 전문성에 걱정이 많아 온라인으로 자격증을 알아보았다. 독서지도사를 땄다. 알려주는 게 없었다. 독서심리상담사도 땄다. 얘도 남는 게 없다. 우연히 '한국북큐레이터협회'에서 운영하는 북큐레이터 양성 과정을 알게 되었다. 다른 자격에 비해 배우는 것도 많고, 실습도 있어서 도움이 좀 됐다. 공부에 대해서는 뒤에 다시 설명하도록 하고.

이런저런 공부를 하면서 준비하다 보니 조금씩 자신감이 붙기 시작했다. 반년 정도면 창업 준비에 충분하지 않을까 싶었다. 그때쯤이면 담당하던 프로젝트도 일단락되고 코로나 백신도 조만간 나온다고 하니(코로나 따위 금방 잡힐 줄 알았다) 슬슬 가게 자리를 알아봐야 하나 고민을 하고 있을 때, 직장 상사들은 조금 다른 고민을 하고 있었다.

건설회사들은 주기적으로 현장-본사 간 인원을 순환시킨다. 하지만 현장 근무가 고되다 보니 직원 입장에서는 그리 달가운 일이 아니다. 주말 근무수당에 뭐에 조금씩 더 챙겨준다 한들 누가 새벽부터 출근하고 주말도 없는 현장에 자원해서 가고 싶을까. 결국 본사에서 차출하는 방식으로 끌려 나가는 경우가 많았다. 이게 부정기적으로 한 번씩 압력이 들어오는데, 한창 서점업을 공부하던 2021년 5월 말에 이런 소문이 돌기 시작한 것이다.

고민했다. 퇴직한다고 일찍 말해서 좋을 게 없다고 하던데, 그냥 가만히 있을까? 가만히 있다가 부서에서 누군가 차출되어 나가고 그 빈자리를 채우지 못한 상태에서 퇴직하게 되면 남은 사람들은 더 힘들어질 텐데. 함께 일하던 사람들이 다 좋은 사람들이었던데다 (부서장 밑의) 팀장과는 유달리 죽이 잘 맞는 친한 사이였기에 조용히 팀장님을 불러내어 말했다.

"팀장님, 저 퇴사하려고요."

"응? 왜? 어디 가려고? 나도 데려가."

"이직은 아니고요. 준비하고 있는 게 있는데요. 이번에 현장 차출 얘기 나오면 방어논리 필요하실 것 같아서 말씀드리는 거예요. 팀장님만 알고 계세요."

바로 쪼르륵 가서 부서장한테 말할 줄은 몰랐지. 날짜도 기억난다. 2021년 5월 31일 월요일 오후 2시. 금요일에 팀장님에게 말했으니까 바로 다음 날인 셈이다. 부서장에게서 메시지가 왔다.

[3층 회의실에서 잠깐 볼까?]

우리 층에도 회의실이 있는데 왜 굳이 3층에서? 하아…. 그새 얘기했고만. 부서장의 만류는 전방위를 아울렀다. 서점이 얼마나 힘든지 아냐, 요즘 책을 누가 사냐, 내가 아는 사람 중에 출판사 사장님도 있는데 그분도 맨날 죽겠다고 하더라, 내가 널 얼마나 믿었는데 너 없으면 누구 믿고 일하냐, 지금 담당하고 있는 프로젝트 복잡해서 딴 사람 주면 큰일 난다, 너 책임감 있잖냐 등 걱정과 조언이 쏟아졌다.

사실 당장 때려치울 생각은 아니었으니 적당히 수긍하면서 일정을 조율했다. 8월 말에 분양하는 프로젝트만 끝내고 나가기로 했다. 그때까지는 시간이 필요할 것 같았으니까. 당연히 8월에 2차 제안이 있었다. 이번엔 다른 프로젝트가 현장으로 완전히 넘어갈 때까지는 있어야 하지 않겠느냐가 명분이었지만, 부서장이 추가로 꺼낸 카드가 가불기(가드불가기술)였다. '휴직'을 하라는 것. 회사 사규에 의하면 개인적인 사유로 6개월까지 휴직할 수 있었다. 아마도 부서장은 내가 휴직하고 실제로 책방 오픈을 준비하다 보면 이상과 현실이 다른 것을 깨닫고 마음을 접으리라 생각했겠지만 나는 내가 포기하지 않으리라는 걸 알고 있었다. 오히려 좋지. 가장 좋은 퇴직 시기는 3월 말이니까!

노동법을 찾아보니 휴직 후 퇴직하는 경우, 휴직 복귀로부터 60일 이내이면 휴직 이전 일당을 계산하여 퇴직금을 산정하고, 60일 이상 근무하면 휴직 이후의 일당으로 산정된다는 것이 아닌가! 딱 좋아! 11~12월 휴직하면서 출판학교 수업을 듣고 두 달 정도 일하다가 퇴직하는 방향으로 스케줄을 잡았다. 코로나도 아직 기세가 등등하기도 했고.

결과적으로는 12~1월 두 달간 휴직을 하고 3월 25일 자로 퇴직하게 되었다. 5월에 이야기를 시작한 퇴직에 장장 10개월이 걸렸다. 우여곡절이 많았지만, 결과적으로 연차 보상비 100% 다 받았으니 최초의 계획대로 된 셈이다. 오히려 퇴직 예정이라는 사실이 오픈된 상태로 오랜 기간을 지내다 보니 주변 사람들도 더 잘 해준 것 같았다.

퇴직 준비의 마지막 단추는 책방 자리 계약이었다. 최적의 위치를 찾아낸 시점이 2월 중순. 공실에다가 건물주가 인테리어 준비 명목으로 한 달이나 배려해 준다는데 거부할 리 없잖아? 다음날 부서장에게 면담을 요청했다.

"저 계약했습니다."

"…그래."

이미 대체자를 구하기 위해 동분서주하고 있다는 첩보를 입수했기 때문에 별다른 반응이 없을 것이라고 예상했는데 너무 예상대로였다. 그건 또 서운한데. 대체자도 금방 구해져서 곧 올 거라고 했고, 담당하던 프로젝트는 새로운 담당자에게 인수인계도 거의 끝냈고. 이제 탱자탱자 놀면 되겠지 했는데 왜 나 바빠? 왜 나 회의하러 대전가?? 나 다음 달에 여기 없는데???

휴직에서 복귀하며 들고 있던 프로젝트는 대부분 다른 사람의 손으로 넘어갔지만, 당장 눈앞에 해결해야 하는 문제가 있는 프로젝트 몇 개는 해결하고 넘겨줘야 하는 상황이었다. 이관이 끝난 프로젝트들도 히스토리를 아는 사람이 필요한 회의에는 종종 끌려가야 했다. 게다가 일주일에 하루는 책방 인테리어를 위해 연차도 내야 했다. 뭐야 나 퇴직예정자인데 왜 계속 바빠. 억울해.

덕분에 퇴직일까지 늘어지지 않을 수 있었다. 짐도 평소에 조금씩 빼놓아서 드라마처럼 박스를 들고나올 일도 없었다. 게다가 퇴직일은 재택근무조라 퇴직 며칠 전에 실장님과 동료들에게 미리 인사해서인지 기대했던 비장한 감정은 들 틈도 없었다.

그런데 무슨 드라마도 아니고 정말 딱 컴퓨터 반납일(=퇴직일) 전날 저녁부터 열이 오르기 시작했다. 설마 하면서도 혹시 모르니 부서장에게 카톡을 미리 보내놓고 퇴직 당일 아침 9시 정각에 임시검사소로 향했다. 결과는 역시나 양성. 웜머나. 재물관리 담당자에 연락하니 컴퓨터 반납은 며칠 늦어져도 문제가 없다고 하여 결국 일주일 뒤 회사에 반납하는 것으로 길었던 회사 생활이 마무리되었다.

이 시기도 그렇고 그 이후로도 지인들이 "회사 그만둔 거 진짜 괜찮아? 불안하진 않아?"라고 물어왔지만 그때나 지금이나 진심으로 대답할 수 있다.

"진짜 괜찮아. 난 지금 생활이 너무 좋아. 적성에 딱 맞아."

하루와 일주일, 한 달의 계획을 내가 짜고 필요한 것을 스스로 준비하고 계획에 맞춰 하나하나 진행해 나가는 것. 진행되는 과정 중 그 어느 것도 내가 계획하지 않은 것이 없고 내가 손대지 않은 것이 없는 상황. 내가 하나의 톱니바퀴가 아니라 '내가 전부고 모든 것이 나'라는 사실이 주는 만족감은 이루 말할 수 없었다.

본격적으로 책방 업무가 시작되면 어떤 일들이 벌어질까. 매일 저녁 설레는 마음을 안고 잠든다는 것이 얼마나 큰 행복인지 경험해 보지 못한 사람은 모를걸?

열다지기 무물 Q1

Q: 처음으로 읽은 책이 뭔지 기억나요?
A: 뭐더라….

 이 글을 읽고 있는 당신, 책방지기에게 가장 먼저 무엇을 질문하고 싶은가?! 아마도 "어릴 때부터 책을 많이 좋아하셨나 봐요 or 읽으셨나 봐요"이지 않을까? 자매품으로 "왜 책방을 시작하셨어요?"가 있다. 처음 이 말을 들었을 때는 당황했다. 스스로 책을 좋아한다는 자각도, 많이 읽었다는 자각도 없었기 때문이다. 하지만 질문을 받았다면 대답을 해드리는 것이 인지상정! 일해라 기억세포!!
 과거로 거슬러거슬러 올라가 찾아낸 기억에 남아 있는 최초의 책은 웅진에서 나온 '과학 앨범' 시리즈이다. 아마도 일본에서 출간된 시리즈를 통째로 번역해서 만들었을 이 시리즈는 수십 권의 책에 각각의 주제를 부여하여 다양한 사진 자료와 함께 접할 수 있게 만든, 당시로서는 꽤 완성도 높은 과학 책이었다. 당시에 '나비' 편에서 번데기 사진을 보고 기겁했던 기억이 있는데 자료조사를 위해 검색을 해보니 나만 그런 것은 아니었던 것 같다. 가장 좋아했던 책은 '무당벌레' 편이었는데 사진으로 봤을 때는 귀엽기만 했던 무당벌레를 실제로 보았을 때 쫄았던 기억도 난다.
 당시는 도서정가제가 없었기 때문에 할인을 많이 했겠지만 그래도 만만한 가격이 아니었을 전집이 집에 있었던 건 '남자애는 수학과

과학이지!'라는 어머니의 뿌리 깊은 선입견 때문이었다. 어머니, 덕분에 아들은 뼛속까지 대문자 T로 자라났답니다.

우리 집은 배를 곯을 정도는 아니었지만, 풍족한 편은 더더욱 아니었다. 당시에 누구나 그러했듯 어머니는 전업주부셨고 아버지의 외벌이 월급으로는 4인 가족이 빚 안 지고 사는 것이 최선인 딱 그 정도였다. 부모님은 당연히 자녀를 위해 최고의 환경을 만들어주고 싶어 하셨지만 세상은 쉽지 않았다. 나와 내 동생이 동시에 학원을 다니면 가벼워지는 저녁 식탁을 어린 우리도 인지할 수 있을 정도였으니까.

이런 상황에서도 두 분이 눈 질끈 감고 지른 거대 아이템이 있었으니 이름하여 '브리태니커 백과사전'. 당시에는 이런 전집류를 팔러 다니는 영업사원이 있었는데 '자식을 위한 최고의 투자'라는 말에 두 분이 홀랑 넘어가신 거다. 당시는 서울대를 수석으로 입학한 학생이 티브이에 나와서 백과사전을 처음부터 끝까지 일독하며 공부했다고 말하던 그런 시절이었다. 마치 이 백과사전이 있으면 아들이 서울대를 갈 수 있을 것만 같은 느낌적인 느낌! 매년 사주던 전과를 뛰어넘어 지식의 폭과 깊이를 모두 더해줄 것 같은 그런 보대! 심지어 26권, 전권이 (인조)가죽 양장이라 멋이 좌르륵! 검색해 보니 1995년에 130만 원 정도였다는데, 그 정도면 당시 사무직 평균 월급을 넘는 금액이다. 아마도 카드사의 24개월 할부의 힘을 빌려 구매했을 그 백과사전은 30여 년이 지난 지금도 아버지의 책장에 위용을 자랑하며 꽂혀 있다. 정작 그 아들내미는 방학 숙제할 때 외에는 그 백과사전을 뽑아본 적도 몇 번 없지만. 심지어 김소월 시인에 대해 조사

하라는 숙제가 나왔을 때는 베껴 쓰는 것조차 귀찮아 백과사전에서 그 부분을 오려내 노트에 붙여서 제출한 적도 있다.

    독서에 대해 조금 알게 된 지금은, 학부모님들에게 전집을 지양하라고 조언하곤 한다. 특히 세계명작전집 같은 경우는 정해진 기한 안에 번역을 마쳐야 전집으로 한 번에 출시가 가능하다 보니 아무래도 한 권씩 공들여 기획한 책들에 비해 퀄리티가 떨어질 수 있기 때문이다. 하지만 내 기억에 가장 강렬하게 남아있는 책들이 전집류의 책이라는 것을 생각해 본다면 '전집은 안 좋다'라는 것도 결국은 하나의 선입견일 뿐이지 않을까?

    물리학에서 말하는 '카오스'는 변수의 변화에 따른 결과의 변화가 선형적이지 않아서 입력 데이터에 아주 작은 변화만 주어도 결과가 천차만별로 변할 수 있음을 우리에게 알려준다. 똑같은 책이 누군가에게는 쓰레기가 될 수도 있지만 누군가에게는 죽을 때까지 잊을 수 없는 기억으로 남기도 한다. 결국 어떤 것이 재산이 될지 모른다면 이것저것 다 해보는 수밖에. 안 하는 것보다는 나을 테니.

II. 열자!

남들은 어떻게 하고 있지?

　서점의 매력을 나의 뇌리에 박아 넣은 책방은 앞에서 말한 강화도의 '책방 시점'이었다. '책방 시점'이 북 스테이를 하는 독립서점이라는 건 훨씬 나중에 알았다. 독립서점이 무얼 하는 곳인지, 어떻게 운영해야 하는지도 전혀 모른 상태에서 "책방을 하자!"라고 결심하고 나니 자연스럽게 주변의 책방이 궁금해졌다. 그렇다면? 가봐야지!

　"가자 B군아!"
　"가시죠."

　B군은 2019년에 회원으로 활동했던 독서 모임에서 만난

친구다. 나보다 3살 어리지만 속이 깊은 멋진 친구다. 역사를 전공해서인가, 인문학에 대한 지식도 풍부해서 함께 대화를 나누면 배우는 것이 많았다. 그래서 독서 모임을 만들 때도 이 친구만 있으면 된다고 생각했을 정도였다.

먼저 인천에 독립서점이 몇 군데나 있는지 검색을 해보는데 생각보다 많네? 북 스테이 서점 〈책방 시점〉, 그림책을 펴내기도 한다는 〈딸기책방〉, 유림상회와 함께 운영되는 〈소금빛서점〉, 개량한옥의 멋을 느낄 수 있는 〈국자와 주걱〉(이상 강화도), 들어서자마자 빈티지한 색감이 끝내줬던 〈북극서점〉, 직접 로스팅도 하는 〈연꽃빌라〉, 팔지 않는 책도 매력적인 〈사각공간〉, 책방지기의 취향이 물씬 느껴지던 〈서점, 서행〉(이상 부평), 배다리 헌책방 골목의 〈나비날다〉, 구도심 한복판의 문화 복합공간 〈딴뚬꽌뚬〉, 매력적인 독립출판물이 가득한 〈서점 안착〉, 시와 여행으로 가득했던 〈책방 시방〉, 내부 구성이 너무 맘에 들었던 〈고양이 수염〉, 한국소설로 가득 차 있었던 〈문학소매점〉, 문학과 사진에 대한 찐 사랑을 그득히 보여주던 〈그런대 책방〉, 가정집을 개조해 진짜로 책으로 가득한 집을 만들어버린 〈책방 산책〉, 레트로한 외관에 모던한 실내가 인상적이었던 〈책방 모도〉, 세련된 그림책 전문 서점 〈그루터기책방〉, 현직 작사가가 운영하는 독립출판물 전문 책방 〈한줄한줄〉, 영종도의 유일한 독립서점 〈온갖책방〉 등 수많은 책방을 B군의 뷰티풀 코란도와 함께 둘러보며 매력을 온몸으로 느껴보았다. 2024년 2월 현재 위의 서점 중 세 군데가 영업을 종료했고, 운영 주체가 바뀌면서 이름도 바뀐 곳이 한 곳, 다른 지역으로 이사 간 책방도 한 곳 있다. 안타까운 일이지만, 책방은 너무 쉽게 사라진다.

그 외에도 부산, 대구, 진주, 의왕, 동두천, 수원 등 다양한 책방을 둘러보았는데, 정작 서울에 있는 책방은 몇 군데밖에 가지 않았다. 해방촌 3대장 〈스토리지북앤필름〉, 〈별책부록〉, 〈고요서사〉와 도봉구의 〈사유의 사유〉 정도. 책방을 다니며 책을 안 사 올 수가 없으니, 돈을 쓴다면 서울보다는 작은 도시에서 쓰고 싶은 마음도 있었고, '지방 도시'라는 특징을 어떻게 녹여냈는지 궁금하기도 했다. 진주의 〈보틀북스〉는 다녀온 이후 갑자기 유명해져서 넘사벽이 되었고, 〈코너스툴〉이 문 닫는다는 소식에 인천에서 동두천까지 한달음에 달려가기도 했다. 수원과 부산에는 가보고 싶은 책방이 너무 많아서 2~3일 코스로 일정을 나눠서 돌았다. 이때 책방을 돌아다니면서 구입한 책만 해도 150권은 될 터다. 책방을 70곳 가까이 돌았고 그중에 한 권만 사서 나온 경우는 거의 없었으니까.

방문한 책방들은 다 너무 예뻤다. 책방지기가 심혈을 기울였다는 게 한눈에 보였다. 매력적인 책들로 가득 채워져 있었으며 인테리어도 디스플레이도 하나같이 아기자기하면서 멋졌다. 뒤늦게 두려움이 밀려들었다. 나는 이렇게 할 수 있을까?

〈나락서점〉처럼 진지하면서도 시크한 매력을 만들어낼 수 있을까? 〈새한서점〉처럼 강렬한 아이덴티티를 만들어낼 수 있을까? 〈인디고서원〉처럼 지역사회에서 새로운 문화를 만들어낼 수 있을까? 〈비온후〉처럼 프로페셔널한 느낌을 만들 수 있을까?

나는 독립출판 제작도 해본 적 없고 출판업계에서 일해본 적도 없는데. 책은 좋아했어도 책방을 좋아한 지는 얼마 되지도 않았는데. 책에 대해 아는 것도 없는데. 전문성도 없는데. 인맥도 없는데. 예술적 재능도 없는데. 적자만 면해도 감사하며 살아야 한다는 이 업계에서 나는 살아남을 수 있을까?

수많은 책방이 누적되는 적자로 폐업을 고민하고 있다는 사실은 책에서 읽어서 잘 알고 있었다. 하지만 이렇게나 멋지고 팔로워가 수천 명일 정도로 지지층도 충분히 형성된 것으로 보이는 책방들도 동일하게 생존을 고민하고 있다는 사실은 받아들이기가 어려웠다.

난 뭘 어떻게 해야 할까? 대부분의 책방이 모자란 매출을 보충하기 위해 누구나 커피와 굿즈를 팔고 독서 모임을 운영하며 독립출판을 지원한다. 과학 전문서점 〈갈다〉, 사회학 전문서점 〈니은서점〉같이 특출난 전문성을 기반으로 차별화한 경우도 있는데 그건 최소한 현직 교수님급의 전문성이다. 살아남으려면 내 캐릭터를 구축하고 무기를 개발해야 하는 건 알겠는데 내 무기는 무엇일까? 최소한 내가 배워온 것들, 내가 해본 것들은 아니다. 새롭게 장착해야 한다.

모를 땐 닥공

모르긴 몰라도 책방지기의 이전 직업을 조사하면 편집자가 제일 많지 않을까? 아무래도 기존 업의 연장선상에서 일을 벌이는 것이 그나마 현실적인 법이니까. 하지만 나처럼 맨땅에 헤딩하는 사람들을 위해 나름대로 알아보고 도움받은 채널들을 공유한다.

1) 자격증 : 한국북큐레이터협회
　당연히 책방의 주 무기는 '책'이어야 한다. 오랜 시간 내려온 (보통 학습지도 같이 다루며 지역사회에 뿌리를 충분히 내린) 종합 서점들은 차치하더라도 최근의 독립서점들은 책방지기의 전공을 활용한 전문서점이나 독립출판물 전문서점처럼

'책' 자체로 차별성을 만들어내는 경우가 많다. 주제별로 전문 분야를 선택하여 '페미니즘 전문서점', '그림책 전문서점'으로 차별화하는 책방들도 많았다. 문제는 나에게는 그런 전문성이 없다는 것! 일단 전문성을 이야기하기에는 내가 읽은 책이 너무 적었다. 그나마 책방을 준비하면서 독서량이 크게 늘기는 했지만 2~3년 전만 해도 일 년에 30권 읽기도 빠듯했다.

그렇다고 해서 포기할 수는 없지 않은가. 그래서 찾은 것이 사단법인 '한국북큐레이터협회'에서 주관하는 '북큐레이터' 자격증이었다. 온라인 10주 과정으로 2급은 25만 원, 1급은 50만 원(2021년 기준)으로 비싼 편이다. 하지만 녹화된 강의를 시청하는 방식이 아니라 강사님들이 직접 수강생들과 소통하며 만들어가는 수업이라는 점이 마음에 들었다. 중간중간 실제로 몸을 움직여가며 해야 하는 과제들이 있어서 실질적으로 도움이 될 거라고 생각했고 무엇보다 10주에 걸쳐 함께 수강하는 사람들과의 교류에 기대를 많이 걸었다. 아는 사람은 많을수록 좋은 거니까!

실제 수업은 100% 만족했다고 말하기엔 좀 아쉽기는 하다. 아무래도 '북큐레이팅'이라는 분야 자체가 아직 이론적으로 정립이 덜 끝났다는 것이 가장 주요한 이유인데 현재도 '북큐레이팅'의 정의가 무엇인지, 이론적 근거는 무엇인지에 대해서 수행 주체마다 말이 조금씩 다르다. 애초에 이 분야 박사학위 논문이 한 개밖에 없을 정도니 이제야 연구가 시작되고 있다고 볼 수 있겠다.

2) 독서정보 채널 : 이럴 거면 서점을 살 걸(팟캐스트, SBS고릴라), 겨울서점(유튜브)

무슨 일을 하건 '정보'보다 중요한 것은 없다. 책을 다루는 사람이 책에 대한 정보에 목마른 것은 당연한 일! 처음에는 이 채널 저 채널 다 구독해서 시간을 쪼개가며 들었는데 시간이 지날수록 나에게 맞는 채널이 눈에 보였다. 여러 번의 노력 끝에 찾은 곳이 '이럴 거면 서점을 살 걸'(이하 이서살)과 '겨울서점'.

'이서살'은 일주일에 책을 50~60만 원씩 구입하는 출판계의 빛과 소금(본명 아님, 닉네임도 아님. 그냥 업계 관계자로서 바치는 찬사)을 중심으로 SBS 라디오 PD 세 명이 함께 운영하는데 이 PD들도 '책에 열광하는 자, 서재에 아무 책이나 들이지 않는 자, 책도 이따금 읽기는 하지만 그보다는 언니들이 좋은 자'로 구성되어 같은 책이라 할지라도 다양한 온도의 반응이 튀어나온다. 굳이 책 이야기가 아니더라도 티키타카가 매우 잘 되는 편이라 주고받는 대화만으로도 꽤나 재미지다. 특히 초기 회차에서는 메인 책에 대한 의견 외에도 구매한 책들에 대한 정보를 추가로 제공해주어서 매우 쏠쏠했다.

유튜브에는 이미 다양한 북튜버들이 넘쳐난다. 어떤 채널은 현직 편집자라는 전문성으로 어떤 채널은 '성공'이라는 키워드로 어떤 채널은 수려한 외모를 무기로 다양한 사람이 책에 대해 이야기하고 있다. 하지만 짚어내는 책의 깊이로 보았을 때는 철학 전공자 김겨울만 한 유튜버가 없다고 생각한다.

가장 인상 깊었던 회차는 〈학문으로서의 철학 입문을 위한 3step 책 추천〉. 말랑말랑한 혹은 아포리즘화 되어 철학자 본연의 사상은 휘발되어버린 교양서를 대단한 책이라며 칭찬하는 영상은 많다. 하지만 읽기 쉽지는 않아도 철학의 흐름을 조금이나마 맛볼 수 있는 책들을 추천하는 채널은 '겨울서점'뿐이었다. 그 책들을 너무 읽고 싶어서 실제로 '열다북클럽' 멤버들과 세 권의 책 『철학』, 『철학 고전 강의』, 『철학으로서의 철학사』를 함께 읽었다. 정말, 정말정말 힘들기는 했지만 사고의 틀을 잡는 귀중한 시간이었다. 또 할 생각이 있냐고? 노코멘트 하겠다.

3) 책방교육 : 경기콘텐츠진흥원 서점 학교, 한국서점조합연합회 서점 학교

창업준비생들에게 흔히 하는 조언 중 하나가 "일할 분야에서 아르바이트를 3개월 이상 해보고 결정해라!"이다. 문제는 책방은 아르바이트를 뽑지 않아! 정확히 말하면 못 뽑…. 그래서 실습을 할 수 있는 기회가 거의 없다. 하지만 다행히도 책방의 실무를 알려주는 서점 학교가 제법 있다.

가장 대중적으로 알려진 두 서점 학교를 기준으로 설명하자면, 보통 6~8회차 온라인 강의로 이루어져 있으며 n년차 이상 생존한 서점 중 나름의 특색이 있는 서점 주인(또는 도서관 사서)을 강사로 초빙하여 서점 관련 정보를 전달해 준다. 물론 책방마다 환경이 다르기 때문에 내 책방에 바로 적용될

수 있는 내용이라고 보기는 어렵지만 그래도 업계 분위기를 파악하고 거시적으로 준비해 나가는 데 꽤 도움이 된다.(무엇보다 무료다!!)

4) 필독서 : 『동네책방 운영의 모든 것』, 이철재 저, 책인감 펴냄

서울시 노원구에서 '책인감'이라는 독립서점을 운영하는 이철재 대표의 책이다. 가끔 너무 재미가 없었다는 리뷰가 올라오긴 하는데, 책방이 내는 세금의 종류를 구분하고 홈택스 활용하는 방법을 설명해주는 실용서에 무슨 재미를 바라는 건가. 첫 창업이라 세금이고 회계고 아무것도 모르는 사람이라면 (재미없어도) 무조건 읽어야 하는 책.

5) 출판교육 : 한겨레교육

책방을 열기 전부터 출판에 관심이 있었다. 당초 계획은 한겨레교육에서 운영하는 전일제 출판학교를 수강하는 거였는데 수강 신청 실패로 필요한 과목만 단과로 수강했다. 그때 들은 과목들이, '1인 출판기획', '교정·교열', '출판편집 실무' 등이었다. 지금은 다 까먹었지만 출판과 서점과의 관계 등 다양한 배경지식을 쌓는 데 도움이 되었다. 다만 장기적으로라도 출판에 관심이 있지 않다면 굳이 들을 필요까지는 없을 듯.

가로 × 세로 × 높이

 본격적으로 '내' 책방을 그려나가기 위해 꼭 해야 할 것이 있다. 바로 이름 정하기!! 이름이야 천천히 정해도 되는 것 아닌가 싶겠지만 의외로 이름이 정해지지 않은 상황에서 결정하기 힘든 것들이 많다. 이름은 내가 이 공간에 부여한 이미지, 철학, 가치관을 고객이 인지하는 첫 번째 단서다. 준비 단계에서 가장 중요한 일이라고 해도 과언이 아니다.

 내가 본격적으로 이름 정하기에 돌입했던 시기는 퇴사 1차 만류 시점부터였다. 매일 이름을 고민하고 출근해서 회사 동료들에게 의견을 물어보기를 여러 차례. 덕분에 회사 내에 소문이 나서 다른 본부의 동기가 "너 퇴사한다며?"라고 메시지를 보내올 정도였다.

지금의 이름인 '열다, 책방'은 초기의 BIG2 아이디어 중 하나였다. 집에 놀러 왔던 친구가 아직 읽지 못하고 쌓여있는 책들을 보고 저게 다 뭐냐고 힐난하기에 *열심히 읽다 보면 다 읽을 날이 있겠지*'라고 대답했는데 그 기억을 떠올려 앞 자만 따서 만들었다. 만들어 놓고 보니 범용성이 좋아 프로그램을 기획할 때 잘 써먹고 있다.

나머지 하나는 〈아름드리 책방〉이었다. 아름드리나무의 이미지를 로고로 쓰고 편안한 분위기를 연출하는 콘셉트로 기획했는데 최종 평가에서 개성이 부족하다고 탈락. 그 외에도 여러 가지를 만들어 보았지만 회사 동료들의 냉정한 평가 결과 많이 떨어져 나갔다. 아슬아슬했던 후보군 중에 조지 오웰의 한 작품명을 따서 만들 생각도 했었는데 동명의 출판사가 있기에 포기. 그 출판사의 주력 작가가 '아니 에르노'라서 2022년에 대박이 났다. 같은 이름으로 했으면 큰일 날 뻔했다. 어차피 독립서점은 책방지기의 아이덴티티로 승부하는 거 아니냐며 이름 석 자로 책방 이름을 만들라는 제안도 있었는데 솔깃했으나 용기가 부족하여 포기. 가장 극단적인 제안은 '독.립.서.점'이었다. 아직 고유명사로 등록한 사람 없으니 선점하면 어떻겠냐는 아이디어였는데 검색할 때 묻힐 것 같아 결국 제외했다.

다음 단계로 책방 내부를 그려보기 시작했다. 건축 배운 거 이럴 때 써먹어야지. 책방 내부를 그려보는 데 필요한 게 뭐가 있냐면,

1) 책장과 테이블의 사이즈 : 보통 책은 세로로 꽂아도 책장의 깊이가 15cm 정도면 충분하다. 큰 사이즈 책인 국배판을 기준으로 해도 A4용지와 비슷한 22.7cm가 나오는데 기성품 책장의 깊이를 확인해 보니 30cm에 달하는 것이 아닌가. 그러면 이제 고민을 하게 된다. 기성품을 쓸 것인가, 제작할 것인가. 책이 너무 깊이 들어가 있으면 비주얼이 아쉬울 것 같은데 그렇다고 제작을 하자니 기성품 대비 4배 이상 비쌌다.

평대로 쓸 테이블의 사이즈도 책 사이즈에 의해 결정된다. 참고 사례 중 가장 극단적인 사례였던 부산 모 책방의 6단의 레이어는 책을 찾는 사람에게 오히려 혼란을 줄 것 같았다. 그래서 내가 생각한 최종안은 '평대 위의 책은 4줄까지, 책과 책 사이에 간격은 충분히 줄 것'을 원칙으로 했다. 신국판(보통 사이즈 책) 높이가 22.5cm이고 그보다 작은 사이즈의 책도 많으니까 평대의 가로 길이는 90cm 정도로 결정했다.

2) 책장과 테이블 사이의 간격 : 건축계획을 할 때 교행(양방향 통행)이 가능한 통로의 폭은 통상 90cm로 본다. 휠체어가 지날 필요가 있는 경우 120cm까지로 보기도 하지만 책방에 휠체어가 오면 주변의 사람들이 다들 배려해주지 않을까 싶어서 90cm를 기준으로 하기로 했다. 너무 넓지 않냐고? 누가 쭈그리고 앉아 책을 보고 있는데 뒤로 지나가려면 90cm는 필요하다! 라고 생각했지만 사실 확인은 못 했다. 그 정도로 책방이 번잡해진 적이 없…

3) 테이블의 크기와 위치 : 처음부터 바 테이블을 두고 싶었다. 카페처럼 창문 방향으로 바 테이블을 두고 사람들이 책을 읽으며 커피를 마실 수 있다면 멋지지 않을까?! 내부에도 2인 테이블을 몇 개 두고 책을 산 사람들이 편안하게 읽다 가면 좋을 것 같았다. 90cm×90cm 사이즈의 2인 테이블에 의자를 좌우에 두고, 바 테이블의 깊이는 60cm, 길이는 1.2m면 충분하지 않을까. 하지만 여기서도 변수 발생. 창문을 사용할 수가 없어?! 애초에 책 읽고 가는 사람 출현 빈도가 연중행사 수준?! 결국 지금은 2인 테이블을 모두 빼고 그림책 전면 서가로 채웠다. 바 테이블은 특별 큐레이션 책을 올려놓는 용도로 쓰고 있다.

4) 세미나실에 들어갈 가구의 수량과 사이즈 : 책방을 열겠다고 결심한 순간부터 내 마음속 0순위는 세미나실이었다. 보통 독립서점은 장소가 협소하다 보니 메인 홀에서 독서 모임을 진행하는 경우가 많다. 그렇다면 운영시간을 피할 수밖에 없는데 그게 싫었다. 어차피 사람들, 특히 회사원들은 책방을 구경하러 오는 시간이나 독서 모임에 참여할 수 있는 시간이 비슷하지 않은가. 퇴근하거나 주말이거나 둘 중 하나일 텐데 독서 모임 때문에 책 사러 못 온다는 것도 이상하고, 책 팔아야 하니 독서 모임을 더 늦은 시간에 해야 한다는 것도 마음에 들지 않았다. 그래서 아예 공간적으로 분리를 했으면 했다. 집에 쌓여 있는 책도 좀 갖다 놓고.(이게 진짜 이유)

집에 있는 책장 칸의 길이를 권수로 나누니 '2.5cm/권'이었다. 그렇다면 지금 갖고 있는 책 800권을 꽂아놓기 위해서는 대략 20m의 공간이 필요하다. 5단 책장을 활용한다 치면 책장의 폭은 4m. 앞으로도 책이 더 쌓일 테니 조금 넉넉하게 책장은 마련할 필요가 있겠다. 테이블은 최소 8명이 앉아야 하고 책을 올려놓아야 하니 4인용 식탁보다 조금 큰 사이즈로 2개는 놓아야 할 듯하다. 폭은 일단 90cm, 길이는 300cm 정도로 잡으면 되겠지.

오른쪽에서는 책방을 운영하고 책방에 들어와서 별도의 문으로 세미나실로 들어가는 구조. 책방지기는 안쪽에서 책방을 지키다가 쪽문으로 세미나실을 오갈 수 있는 최적의 구조, 딱인데?! 책도 1,000권은 들어갈 수 있을 것 같고.

그렇게 하나하나 그려가다 보니 내게 필요한 공간의 크기와 요소들을 확정 지을 수 있었다. 아, 물론 계획대로 되진 않았다. 세상일이 다 계획대로 되면 재미없잖아? 다음 페이지의 그림은 처음에 아이디어를 정리하기 위해 만들었던 계획평면도와 실제로 공간을 계약한 뒤 실측하여 작성한 평면도이다.

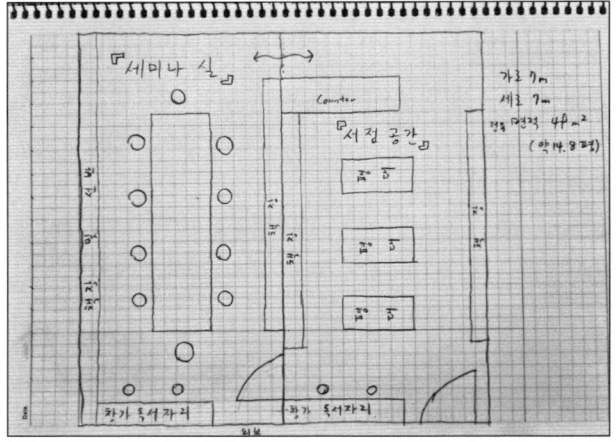

계획평면도

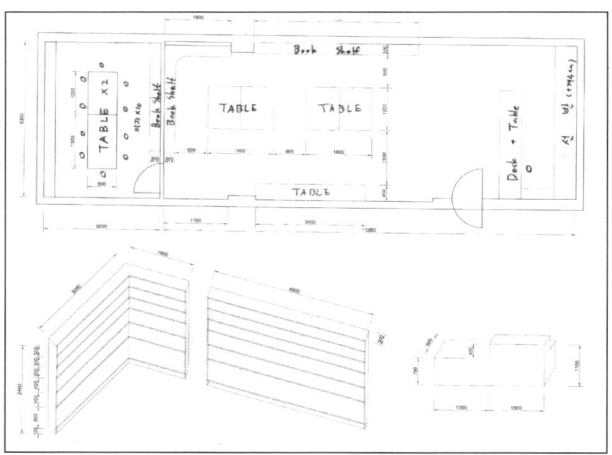

실측평면도

책방의 풍수지리

 책방을 열고 받은 질문들을 빈도순으로 순위를 매겨보면 최상단에 위치할 질문 중 하나가 "왜 인천에 책방을 여셨어요?" 또는 "열 생각을 하셨어요?"이다. 사실 나는 인천 출신이 아니다. 본가는 경기도 하남시로 대학에 다니는 6년 내내 통학을 할 정도로 하남을 벗어나본 적이 없다.(5년제이지만 휴학하는 일년 동안에도 학교에서 아르바이트를 했다) 하지만 송도에 본사를 둔 회사에 입사하니 도저히 통근은 사람이 할 일이 아니다 싶어서 결국 삶의 터전을 인천으로 옮겼다. 2010년 12월에 입사하여 2022년 3월에 퇴사했으니 무려 135개월 동안 인천에서 살아온 셈이라 최근 내 삶에 가장 큰 비중을 차지한 지역을 꼽으라면 결국 인천이었다. 그러다 보니 책방을 열겠다고 마음먹었을 때 인천지도를 펼쳐본 건 자연스러운 일이었다.

인천에 연고가 있는 것도 아닌데 꼭 인천일 필요가 있나 싶은 생각도 잠깐 들긴 했다. 유관 산업에서 근무한 적도 없고 책 관련 인맥이나 기반이 있는 것도 아니니 어차피 맨땅에 헤딩하는 셈이잖아? 그렇다면 인천에서 하나 부산에서 하나 매한가지 아니야? 싶기도 했지만, 엄밀히 따지면 차이가 있었다.

일단 사람들이 있었다. 회사에서 만난 친구 중 인천에 자리 잡은 친구도 제법 있었고 운영하던 독서 모임도 있었다. 내가 인천의 구조와 성격을 잘 알고 있다는 것도 중요한 요인이었다. 8개 구, 2개의 군으로 이루어진 인천광역시(2024년 3월 기준)는 행정 구역별 소득수준과 문화시설의 차이가 큰 편이다. 인천의 강남이라 불리는 송도는 아파트값이 하루가 다르게 치솟아 오르지만 구도심은 시간이 지나도 부동산 시세가 오르지 않는다. 특히 연수구는 소득수준이 높으면서도 독립서점이 없다는 것이 매우 중요한 요소였다.

이러한 배경을 모두 고려하여 책방의 위치를 선정해 보자면, 1순위는 송도, 2순위는 연수동-동춘동 지역이었다. 가장 익숙한 지역이기도 하고 내가 '열다, 책방'에 기대하는 성격을 뒷받침할 수 있는 지역이라고 생각했기 때문이다. 혹시나 책방을 준비하고 계실 독자님들을 위해 조금 더 자세히 이야기해 보자.

'열다, 책방'의 설립 목적 첫 번째는 '사람들이 책을 읽을 수 있도록 돕는 책방'이다. 그렇다면 책방은 '로컬' 지향적이어야 한다. 관광객 또는 전문 분야의 깊이를 기대하고 먼 거리에서 오는 독자가 주요 타깃 고객이 아니다. 동네에 거주하는 주민들이 오가면서 들를 수 있고 책 모임이나 북토크, 각종 문화행사에 쉽게 참여하려면 인근의 주거 밀도가 중요한 요소가 된다. 쉽게 말해 인근에 아파트 단지가 넓게 펼쳐져 있어야 한다. (아파트 싫다며?!)

두 번째 목적은 '문화 시설'이다. 연수구에는 문화를 향유할 수 있는 장소가 많은데, 없다. 공공에서 운영하는 대형 문화시설이 연수구에 두 군데(송도의 아트센터, 옥련동의 인천 시립 박물관)나 있고 인천시/연수구/인천시 교육청에서 운영하는 도서관들도 있다. 동사무소에서 운영하거나 아파트 단지에 속해있는 작은 도서관도 동네마다 하나씩 자리 잡고 있다. 이렇게 보면 공공문화시설은 많은 편이라고 볼 수도 있겠지만 우리가 서울에서 볼 수 있는 문화적인 기업과 상점은 눈에 띄질 않는다. 물론 인천에도 소극장이 군데군데 있고 독립영화를 상영하는 전통 있는 극장이 있긴 하지만, 연수구에는 없다. 먹고 마시는 프랜차이즈와 상업시설은 없는 게 없는데 문화를 품을 수 있는 상업시설, 가게는 없다시피 하다. 그렇다면 문화의 플랫폼 역할을 할 수 있는 독립서점이 생기면 좋지 않을까?

자, 그럼 질문. 그렇다면 '열다, 책방'은 왜 1순위였던 송도에 오픈하지 않고 현재의 동춘동에 자리를 잡았을까요? 정답!

월세가 비싸서. 네 그렇습니다. 왜 연수구에 독립서점이 없는지 뼈저리게 느꼈다. 한 달이 넘는 시간을 들여 송도의 아파트 상가부터 상업시설, 업무시설까지 꼼꼼히 뒤졌다. 일단 내 계산상 최적의 면적인 45㎡(15평) 전후의 상가 자체가 흔치 않았다. 1층은 너무 작고 2~3층은 너무 컸다. 간신히 비슷한 규모의 점포를 찾아도 월세가 너무 비쌌다. 한 달에 월세만 130만 원? 관리비가 추가로 30만 원? 도대체 책을 몇 권을 팔아야 고정비 160만 원을 낼 수 있는 걸까. 수많은 책방 운영기에서 유추해낸 지속가능한 월세는 60만 원 내외. 160은 감당할 수 없는 숫자였다.

월세 다음으로 중요한 요소는 무엇일까? 바로 접근성이다. 최우선은 당연히 대중교통이지만 의외로 책방을 찾는 이 중 많은 사람들이 차량을 이용한다. 자체 주차장이 있으면 좋겠지만 어렵다면 인근에 공영주차장이라도 있는 게 좋다. 특히 독서 모임은 참가자 수만큼 주차 공간이 필요할 수 있기 때문에 여유를 확보할 수 있는가가 매우 중요하다.

내가 생각한 마지노선은 인천 1호선에서 도보로 접근이 가능한 위치이면서 공영주차장이 인근에 있어야 했다. 2순위 지역인 연수역과 동춘역 주변을 적극적으로 탐문한 결과 연수역 앞쪽 상가+주거 복합단지 1층 카페 자리, 연수역 뒤쪽 상가 빌딩 2층, 동춘동 상업지역 상가 빌딩 3층(현재 위치)이 최종 후보로 남았다. 1층 카페 자리는 넓은 면적과 카페 설비 양도라는 좋은 조건에도 불구하고 약간 비싼 월세와 찾아오기

애매한 위치가 마음에 걸려 계약하지 못했다. 무엇보다 카페 시설이 너무 제대로 갖춰져 있어 서점이 아니라 북 카페가 될 수밖에 없다는 사실이 마음에 들지 않았다. 연수역 뒤쪽 상가 2층은 역사 출구 바로 앞 건물인 데다 지하철역의 공영주차장을 저렴하게 이용할 수 있다는 장점이 있었지만 인근 지역의 인구밀도가 애매했다. 역에서 인근 주거지역으로 이동하는 동선에서 벗어나 있어 유동 인구가 많지 않은 지역이라는 것도 마음에 걸렸다. 서향으로 큰 전면 창이 있어 매일 멋진 노을을 볼 수 있을 것 같다는 기대가 있기는 했지만.

    그렇게 지금의 위치로 확정되었다. 건물이 노후화되어 기계식 주차장은 쓰지 못하지만 바로 옆에 공영주차장이 있다. 인천 1호선 동춘역에서 1km 정도 떨어져 걷기에는 조금 애매한 거리지만 해당 구간을 운행하는 버스 노선이 있다. 3층이지만 엘리베이터가 있고 관리인이 상주하고 있어 어려움이 발생했을 때 즉시 도움을 받을 수 있을 것이라는 계산도 있었다. 100% 만족할 수는 없지만 그래도 최소 기준은 모두 만족시키는 자리를 찾았다. 그렇게 2022년 2월 25일, 결국 계약서에 도장을 찍었다. 아, 임대 시작일은 3월 25일로.

전공을 여기서 살리네

 세미나실에 더해 적정한 서가 수납량과 평대의 면적을 계산해본 결과 15평 내외의 공간이 필요했다. 혹시 모를 음료 제공을 위해서는 급배수시설도 필요하고. 의외로 이 두 가지를 동시에 만족시키는 공간은 드물었지만 그래도 열심히 발품을 판 결과 원하던 형태의 공간을 구할 수 있었다. 길쭉한 직사각형의 평면에 진입문은 좁은 면이 아닌 넓은 면, 그러니까 안쪽에서 보면 측면으로 들어오는 구성, 진입문 뒤쪽으로 형성되는 작은 공간에 수전이 있어 자그마한 주방을 만들 수 있는 평면이었다. 이런 형태를 구하기 위해 얼마나 많은 상가를 돌아다녔던가.
 계약이 확정되기 전 평면도와 투시도부터 그렸다. 서가의 전체 길이는 약 7m, 평대는 1200×1600mm로 2개. 카운터 겸 작업 공간으로 800×1200테이블 2개, 바 테이블과 2인용 테이블을 이용한 독서 공간. 바닥은 싹 다 뜯어내고 P-타일로 다시 깔고 벽체는 가능하면 페인트로 하고 싶지만 뜯어본 결과 석고보드의 상태가 좋지 않아 도배를 하는 걸로. 천장의 주광색 형광등은 주백색의 LED 등으로 갈아버리고 가구는 그래, 이케아로 하자.

결정은 쉬웠는데, 결정적인 실수가 하나 있었다. 이 전부를 '직접' 시공하기로 결정한 것!! 세상에서 가장 조심해야 하는 것이 '어설프게 아는 것'이다. 건축 설계를 전공했고 현장에서 근무하면서 작업자들을 지켜본 덕에 공사의 원리와 방법은 어느 정도 알고 있다는 자신감이 있었다. 다만 '원리'를 안다고 해서 '숙련도'가 생기는 건 아니라는 걸 몰랐지.

예를 들어 바닥 타일을 설치하는 방법은 간단하다. 바닥의 바탕 면을 깨끗하게 정리하고 본드를 바른 뒤 정해진 시간 동안 기다렸다가 타일을 한 장 한 장 붙여나가면 된다. 그런데 그 과정에서 본드를 흘리지 않는 노하우, 타일을 깔끔하게 자르는 노하우, 관절에 무리가 가지 않게 시공하는 노하우 등 품질이 우수한 결과물을 얻기 위해서는 수많은 노하우들이 필요했다. 전문가였다면 철거 하루, 시공 반나절이면 끝났을 바닥공사였는데 직접 하니 거의 2주가 걸렸다.

뭐가 그리 오래 걸렸냐고? 바닥을 설치하려면 뭐부터 해야겠어? 일단 기존 바닥부터 뜯어내야겠지? 그런데 PVC 타일을 뜯어보니 뜯기지가 않아?! 기껏 한 장 한 장 손으로 잡아 뜯었더니 본드가 바닥에 눌어붙어 있어서 새로운 타일을 붙일 수가 없어?! 본드 제거가 우선이다 싶어 헤라로 박박 밀었는데 이게 시간이 너무 걸려서 드릴에 사포를 연결해 돌렸는데, 드릴이 사망하시네?(15만 원 증발) 그러다 우연히 물을 흘렸는데, 어라 본드가 부풀어 올라?? 물을 뿌리고 헤라로 긁어 보니 왜 이렇게 쉽게 밀려? 나 여태까지 뭐 한 거니?

타일을 다 뜯어내지도 못했다. 뜯어내는 것이 너무 힘들어서 서가가 들어가는 부분만 제거했는데, 어라? 단차가 발생하네? 단차를 극복하기 위해 뜯어낸 부분은 12mm 두께의 카

바닥의 본드를 갈아 내는 중

펫타일을 붙이고 못 뜬 부분은 6mm PVC 타일을 붙였다. 그랬더니 이번엔 반대 방향으로 단차가 발생하네?? 으아아아아!!!!!! 결국 두 종류의 타일 사이에 단차 극복형 재료분리대를 설치했다. 그 과정에서 본드가 카펫타일에 묻었는데 얘는 또 왜 안 지워지는 걸까. 으아아아아!!!!!!!×2. 바닥 붙이다가 환기가 부족했는지 머리가 핑 돌길래 계단실로 긴급 대피했는데 30분을 쉬어도 컨디션이 돌아오지 않아 그날은 작업을 접어야 했다.

벽체의 경우도 원래 막혀있던 벽면의 석고보드를 철거하고 창문을 활용하고 싶었다. 그런데 막상 철거해 보니 창문의 상태가 너무 안 좋아서(창틀에 구멍이 숭숭) 활용하려면 재설치하는 것 말고는 답이 없어 보였다. 그래서 눈물을 머금고 목수를 고용해서 다시 벽을 설치했다. 벽 마감도 페인트를 칠하고 싶었는데 기존 벽지를 뜯다 보니 석고보드 마감재가 함께 뜯겨 나왔다. 이 상황에 페인트를 칠하면 석고가 습기를 먹어 돌이킬 수 없는 사태가 벌어질 것 같았다. 뜯는 데만 거의 이틀 걸렸는데, 울며 겨자 먹기로 다시 도배를 할 수밖에 없었다. 도배를 하고 나니 벽이 너무 길어 휑한 느낌이 들어 방법을 찾다가 템바 보드를 붙였다. 이것도 전 직장 후배가 아이디어를 주지 않았다면 훨씬 먼 길을 돌아와야 했을 것이다.

천장에 설치된 등도 다른 책방들처럼 이쁜 모델로 바꾸고 싶었다. 하지만 이미 천장에 타공이 되어있는 상태라 등을 바꾸려면 천장을 뜯어야 하는 상황이었다. 위층에 고시원이 있어서 하수 배관이 노출되는 것을 각오해야 하는 상황이기도 했고. 결국 타공 크기에 맞춰 전구만 LED로 바꿨다. 그랬더니 이번엔 조도가 너무 높아서 눈이 시린 것이 아닌가! 그래서 절반은 선을 뽑아서 켜지지 않게 만들었다. 이 외에도 메인 홀 에어컨 전원 연결을 위한 전선은 벽에 묻지 못해서 안 보이게 가려놓는다거나, 세미나실의 에어컨 배관 중 일부 구간은 노출이 되어 서가의 선반을 활용해 가려놓는다거나. 자세히 살펴보면 어설프게 마무리한 것이 한두 가지가 아니다.

가구는 처음에는 주문 제작을 위해 인천에 있는 가구 제작 업체를 열 곳 가까이 돌아다녔다. 그런데 목재와 디자인이 마

벽지 뜯는 중

음에 드는 공방은 가구 제작에만 거의 1,000만 원이 든다고 했다. 목재를 다운그레이드 해준다는 다른 공방은 600만 원, 합판으로 만드는 목공소도 400만 원은 들어간다고 했다. 심지어 배송은 착불. 엘리베이터가 작아서 사다리차를 써야 하고, 창문이 작아서 유리를 제거한 후 가구를 들이고 유리를 재설치해야 하는 극단적인 상황. 따져보니 배송에만 100만 원 이상 들어가게 생겼다. 아니 이걸 다른 서점들은 도대체 어떻게 설치한 거지? 이래서 책방들이 보통 1층에 있구나 싶었다.

책 팔아서 1,000만 원을 남기려면 시간이 얼마나 걸릴까. 주문 제작 가구를 알아보는 데 거의 일주일을 소모했지만 결국 B군에게 차량 지원을 부탁해 이케아에서 가구를 사오는 것으로 마무리했다. 그래 난 원래 깔끔한 그림을 원했다고. 그러니까 이케아가 맞아. 아 자꾸 눈에 습기가 차네.

그럼에도 가구에만 거의 300만 원이 들어갔다. 서가 폭 800mm 3개, 400mm 3개, 900mm 5개, 선반 6개 그리고 상판 3개(선반 위에 상판을 얹었다), 카운터용 테이블 2개. 다행히 세미나실 테이블과 의자는 당근에서 멋진 제품을 저렴하게 구할 수 있었다. 고마워요, 당근! 당근 만드신 분 복 받으실 거예요. 엉엉.

책방은 어디서 책을 살까

 서점은 소매업을 영위하는 상점이다. 이 말인즉슨, 도매처나 제작자에게서 팔 물건을 떼어와야 한다는 말이다. 서점이 물건을 떼어오는 경로는 크게 보면 세 가지가 있다. 전통적인 도매업체(북센, 출협), 도매를 병행하는 대형 온라인 서점(일반도서는 교보, 알라딘, YES24. 독립출판물은 인디펍), 제작자 직거래(주로 독립출판물)다.

 그리고 재미있게도 업체마다 거래 방식이 다르다. 가장 오래된 업체인 북센은 홈페이지(오더북)에서 주문이 가능하지만 미리 가상 계좌에 넣어놓은 금액 이내로 제한된다. 원칙적으로 반품이 가능하지만 계약 시 반품을 포기하겠다고 선언하면 약간의 혜택을 준다. 출협은 출판사들이 만든 협동조합으로 중소 규모의 전문 도서 출판사들이 조합원으로 포함되어 있어 전공서 같은 전문 도서를 찾을 때 유리하다. 하지만 검색 인터페이스가 불편하고 공급률도 다른 곳에 비해 높은 편이라 손이 잘 가지는 않는다. 2022년 기준이다.

교보문고가 도서 유통 사업에 진출한다고 했을 때 많은 사람이 우려했다. 전통의 도매업체 송인서적이 인터파크와 합병한 후에도 결국은 이익을 내지 못해 역사 속으로 사라진 것이 바로 몇 년 전 얘기다. 교보라고 다른 결과를 만들어낼 수 있을까? 하지만 사람들의 우려와는 달리 교보문고는 최저가에 가까운 '공급률'을 무기로 이 시장에 안착했다. 교보문고의 주 무기는 '반품+후불제'로 묶어놓은 거래 방식이다. 책을 들여올 때 대금을 지급하는 것이 아니라 사전에 걸어놓은 보증금 범위 내에서 책을 일단 받고 책이 팔리면 대금을 지불하는 방식이다. 생각만큼 책이 안 팔리면 지정된 기간 안에 반품이 가능하다.[2]

알라딘은 서점 계정으로 등록하고 나면 일반 고객과 동일한 홈페이지에서 주문이 가능하다. 알라딘의 가장 큰 장점은 카드 결제가 가능하다는 점이다. 사업자 통장 출금 금액에 제한이 걸려있던 시기, 알라딘이 얼마나 큰 도움이 되었는지 모른다. YES24는 홈페이지에서 장바구니에 책을 담은 다음 담당자에게 메일을 띄워 견적서를 받는 방식이었는데 2022년

---

[2] 지금은 '보증금 없이 현매' or '보증금 이내 후불제' 둘 중 하나를 선택할 수 있다고 한다. 2023년 12월 기준이다.

12월부로 별도의 홈페이지를 통해 주문하는 방식으로 바뀌었다. 다만 알라딘과 달리 대금은 그때그때 무통장으로 입금해야 한다.[3]

동일한 책이라도 도매처에 따라 공급률이 상이할 수 있으며 같은 출판사의 책이라도 어떤 책은 알라딘이, 어떤 책은 북센이 더 저렴한 경우도 있다. 슬슬 머리에 혼란이 오기 시작했겠지만 아직 끝이 아니다. 신에겐 아직 '독립출판물'이 남아 있사옵니다.

작가와 직거래로 거래하는 독립출판물은 통상 위탁판매로 진행한다. 책이 팔려야 작가에게 입금한다는 얘기다. 입고를 논의할 때 계좌번호와 연락처를 받아두니 입금 자체는 어려울 것이 없는데 조금 애매한 것이 있으니 바로 세금과 관련된 문제다. 구체적으로는 부가가치세(이하 부가세)와 소득세에 관한 해석이 조금 필요하다.

기본적으로 대한민국에서 판매되는 모든 상품에는 부가세가 부과된다. 하지만 법에서 정한 항목(농산물, 문화비, 국민주택규모 이하의 주택 등)은 이 부가세가 면제된다. 책이 이에 해당한다. 생각보다 부가세는 꽤 크다. 물건을 1만 원에 팔면 부가세가 약 909원이 발생한다. 책의 마진이 30% 남짓이라는 것을 고려하면 전체 소득의 1/3에 가까운 엄청난 금액이다. 책은 부가가치세 면세상품이니 땡큐! 라고 생각했지만, 문

---

[3] 이게 의외로 귀찮다. 혹시 사용하는 은행 앱에서 '붙여넣기'를 허용하지 않으면 매우 귀찮아질 수 있다.

제는 독립출판물은 ISBN이 없다는 것. 법적으로 '책'의 지위를 획득했는지에 대해 모호하다는 뜻이다. 독립출판물을 유통하고 있는 한 업체는 ISBN이 없는 출판물도 부가세가 없는 것으로 보고 책방에 공급하고 있다. 하지만 ISBN도 없고 국립 중앙도서관에 납본도 안 하는 독립출판물을 정식 도서로 보고 면세로 간주하는 것이 맞는지에 대해서는 개인적으로는 의문이다. 그래서 현재 '열다, 책방'에서는 ISBN이 없는 독립출판물을 '과세'로 분류하여 판매 중이다. 이 경우 매입 증빙이 불가능하기 때문에 부가세를 책방에서 전액 부담하게 된다. 매입 증빙이 되면 매입분만큼의 부가세는 공급처에서 납부한다.

다음 문제는 계산서(면세 제품은 계산서, 과세 제품은 세금계산서라고 부른다). 계산서는 책방 입장에서 매입을 증명해 주는 주요 수단이다. 앞서 말한 바와 같이 매입 증빙은 매우 중요하다. 부가세의 경우 매출에 대한 부가세에서 매입에 대한 부가세를 제외한 금액을 과세하며 소득세는 '매출 금액-매입 금액'에 세법상 정해진 요율을 곱하여 산출한다. 그런데 사업자가 아닌 개인이 독립출판물을 납품하는 경우 매입 증빙이 불가능한 경우가 생긴다. 예를 들어, 7,000원을 주고 독립출판물을 사서 1만 원에 판매했다고 생각해 보자. 이 경우 매입 증빙이 있으면 이익인 3,000원에 대한 세금만 내면 되는데, 매입 증빙이 불가능한 경우 1만 원 전체에 대한 세금을 책방에서 부담해야 한다. 굿즈도 마찬가지다. 출판사가 있는 경우 출판사의 이름으로 계산서를 발행해줄 수 있고 출판사가 아니더라도 일반 소매업 사업자가 있으면 계산서를 발행할 수 있다. 그게 아니라면 책방 입장에서는 세금에 대한 원가계산을 엄밀하게 따져봐야 한다.

창업과 관련된 자료를 보면 공통으로 사업자 통장과 카드를 만들어 홈택스에 등록하라고 추천한다. 그래서 국민은행에서 냉큼 만들었는데 창업이 처음이다 보니 은행에서 이체 한도를 하루 30만 원으로 제한을 걸었다. 실적이 필요하다고 한다. 책 한 권의 도매가를 1만 원이라고 보면 하루에 30권만 발주를 낼 수 있는 거다! 내 목표 수량은 1,000권인데 주문을 30일을 넘게 나눠서 해야 한다고???

다행히 알라딘에서 사업자 카드로 금액 제한 없이 구매할 수 있어서 한시름 놓을 수 있었다. 그래도 출판사에서 직매입하는 책들은 미리 리스트를 정리해서 하루에 30권씩 주문해야 했다. 지금 생각해도 엄청 엄청 귀찮은 일이다.

이렇게 저렇게 고생고생해서 정식 오픈인 4월 23일까지 확보한 도서는 약 1,200권. 지금은 2,000권으로 불었다. 복잡하다. 법도 얽히고 세금도 얽혀있는데 물건 떼어오기도 쉽지 않다. 그래도 채소나 고기처럼 양질의 재료를 받아올 수 있는 공급처를 확보하는 것까지도 경쟁력에 포함되는 종목보다야 좀 낫겠지만 뭐가 이리 복잡한 건지. 살려줘요.

무리하지 말고 할 수 있는 것을 하나씩

작은 상점을 운영할 때 가장 중요한 것은 무엇일까? 무엇보다 원칙을 지키는 것이지 않을까? 오랜 기간 동일한 원칙을 지키는 것이 신뢰에 큰 영향을 줄 테니까. 그중에서도 제일 먼저 떠오른 부분은 운영 시간이었다.

무엇을 팔건 주말 매출이 더 좋다는 건 상식이다. 하지만 내 입장에서는 일요일 근무가 어려웠다. 그렇다고 아르바이트생을 고용할 능력도 안 되니 일단 일요일은 휴무일로 정해야 했다. 그렇다면 주말 중 하루는 운영해야 하니 토요일은 근무. 열어도 매출이 없을 것 같은 월요일(오픈 2년차 입증 완료)은 일요일과 붙여 휴무일로 정했다. 운영 시간은 오픈 시간보다는 마감 시간을 먼저 고려했다. 회사원들을 대상으로 저녁 프로그램을 만들고 싶었거든. 모임이 19시에 시작한다 치면 21시에는 끝날 테니 21시 마감. 하루에 9시간 초과해서 근무하면 몸이 축날 것 같으니 오픈은 12시. 자연스레 운영시간은 12~21시로 정해졌다.[4]

어떤 결정을 하고 후회하지 않는 방법이 있다. 대조군, 그러니까 다른 선택을 했을 경우 어떤 결과가 나올지 확인을 할 수 없으면(!!) 된다. 일요일에 손님이 더 많을 수도 있지만, 없을 수도 있잖아? 그렇다면 폐업하는 그날까지 '일요일에는 휴무'를 고집하면 되는 거다.[5]

운영시간도 마찬가지다. 오전에 문을 여는 게 나을까? 점심때 여는 게 나을까? 퇴근 후 들를 수도 있으니 밤까지 운영하는 게 좋을까? 저녁식사 시간대에 마감을 하는 게 좋을까? 고민이 길어지고 생각도 많았지만 아무리 생각해 봐도 정답은 없다. 원칙을 정해서 꾸준히 지켜나간다면 고객들이 적응할 수 있지 않을까 싶기도 하고. 요즘은 방문 전에 포털사이트를 통해 영업 시간을 확인하는 경우도 많으니 큰 문제 없을지도? 그렇겠지?

인근 유사 업종의 영업 형태를 참고하고 싶었지만 책방, 특히 독립서점은 레퍼런스도 별로 없다. 너무 멀리 있는 곳은 주변 환경이 상이해 직접적인 참고가 어렵고 인근엔 독립서점이

---

[4] 2023년 1월 운영 시간을 11~19시로 조정해 보았지만, 반응이 없어서 다시 12~21시로 복귀했다.
[5] 오픈 전 〈스토리지북앤필름〉에서 운영하는 원데이 책방수업을 들으면서 마이크 사장님께 여쭤봤다. "사장님, 일요일에 문 안 열면 망하나요?" "아니요. 생각만큼 일요일에 손님이 몰리지는 않아요. 그냥 다른 요일보다 조금 많은 정도?" 용기가 생겼다.

없다. 애초에 '연수구 유일의 독립서점'을 표방하니 비교 대상이 있을 수가 없지. 참고할 만한 지표가 없다면 결정은 어떻게 내려야 할까? 간단하다. 할 수 있는 만큼만 하면 된다. 내 건강에 무리가 되지 않을 만한 범위 내에서 내 삶이 곤란해지지 않을 범주 내에서 최대한 열심히 하면 된다. 어차피 비교 대상이 없기 때문에 망해도 내 탓이 아니라 '사람들이 책을 안 읽어서 그래!'라고 변명할 수 있다. 그래서 '열다, 책방'은 〈일, 월 휴무/화~토 12~21시 운영〉으로 일단 정하고 시작했다.

두 번째로 중요한 원칙은 가격에 대한 문제다. 즉, 할인율이다. 다행히 아직은(2024년 3월 기준) 도서정가제가 유지되고 있어 교보문고 같은 대형서점에서도 직접 할인 10%, 간접 할인(적립) 5%만 제공할 수 있다. 그렇다면 '열다, 책방' 같은 영세한 독립서점은 가격정책을 어떻게 해야 할까? 소비자 입장에서는 10%라는 숫자가 크게 느껴지지 않을 수 있겠지만 한 권의 마진이 25~30% 수준이라는 것을 고려한다면 책방지기 입장에서는 생활비(가 되어주어야 할 돈)의 30%가 넘는 금액이다. 아직 월세 계산 전인데! 배송은 또 어떻고! 대형 온라인 서점들은 흔히 '무료배송'이라고 말하며 배송료를 서점에서 부담하는데, 솔직히 이것까지 부담하면 서점에 남는 돈이 있나 싶을 정도이다.

한번 계산해보자. 당신이 대형 온라인 서점에서 16,800원짜리 책을 구매했다고 가정해보자. 대형서점이니까 출판사에는 많아야 65%, 10,920원을 지불했을 테고(60%만 주는 책도 많을 거다), 10% 할인이니까 1,680원, 5% 적립은 840원으로 원가에 반영하자. 택배를 대량으로 계약했을 테니 2,500원(소규모 사업장은 훨씬 비싸다)이라고 계산하면,

$$16,800 - 10,920 - 1,680 - 840 - 2,500 = 860$$

마진이 1,000원이 채 되지 않는다! 이 계산대로라면 16,000원 이하의 책을 무료로 배송할 경우, 고객이 한 권만 주문한다면 서점 입장에서는 마이너스가 뜬다.(택배 무료 기준이 15,000원인 이유이다) 교보, 알라딘, YES24, 당신들 괜찮습니까??? 권당 800원의 이익으로 고정 비용을 어떻게 커버하고 있는 건가요?

하지만 책방의 사정을 고객에게 강요할 수는 없지 않은가. 많은 고민 끝에 회원가입 시 5% 적립을 제공하기로 했다. 다행히 인천의 지역화폐인 이음 카드는 영세한 상점(연 매출 3억 원 이하)에서 구매할 경우 10%의 캐시백을 제공하니, 5%의 적립이 추가되면 고객 입장에서는 대형서점과 동등한 혜택으로 느껴지지 않을까. 그랬으면 좋겠다.

이렇게 책방을 운영하는 기본적인 원칙들을 정했다. 하지만 운영하면서 원칙을 세우는 것보다 중요한 건 그 원칙을 지키는 것이다. 네이버, 카카오, 인스타로 널리 공지된 오픈 시간과 마감 시간, 운영 일자를 빠짐없이 잘 지키는 것. 그럼으로써 이곳에 서점이 있음을 사람들에게 인식시키는 것. 그러한 성실함이 없다면 그 어떤 좋은 원칙인들 사람들 마음에 가서 닿을 수 있을까.

벼락 부자 아니고 벼락 사장

　어떤 종류의 사업이든 무언가를 팔기 위해서는 '사업자등록'을 해야 한다. 사업자등록은 간단하게 말하면 세무서에 "나 이제부터 돈 벌 거야! 세금도 낼게"라고 선언하는 과정이다. 다만 세무서 입장에서 업종에 따라 세금을 적용하는 기준이 다르므로 복잡한 카테고리에 따라 업체들을 잘 분류해 놓을 필요가 있는 것이다. 정상적인 사업 활동을 위해서는 사업자등록증에 업태와 업종이 명확히 표현되어 있어야 한다. 보통 책방은 업태가 '도매 및 소매업', 업종이 '서적, 신문 및 잡지류 소매업'(2022년 기준)이다. 책방에서 책만 팔 게 아니라면 팔고자 하는 품목에 따라 맞는 업종들을 추가해 주어야 한다. 예를 들어 음료를 팔고 싶으면 음료의 종류에 따라 '휴

게음식점' 또는 '일반음식점'을 등록해야 하고, 네이버 스마트 스토어나 쿠팡을 통해 온라인으로 책이나 굿즈를 팔고 싶으면 '통신판매업'을 등록해야 한다. 둘 다 별도의 영업 신고가 필요하고 매년 면허세를 내야 한다. 정기적으로 공간 임대를 하거나, 클래스를 운영하고 싶다면 각각의 영업 활동 영위를 위해 그에 맞는 업종을 등록해야 한다.

 말로 하면 복잡해 보이지만 막상 해보면 그리 어려운 일은 아니다. 어렵게 느껴진다면 세무서를 찾아가 보자. 생각보다 친절하게 잘 도와준다고 한다.

 사업자등록이 중요한 이유는 바로 책은 '면세 제품'이기 때문이다. 소상공인이 신경 써야 하는 세금은 크게 소득세(직접세)와 부가 가치세(간접세) 두 가지가 있다. 이 중에 부가 가치세(부가세)가 '면세'라는 단어와 직접적인 관련이 있다. 좀 복잡하긴 하지만 알아두어야 하니 일단 과세 유형부터 보자.

 세무서에서 분류하는 과세 유형은 세 가지가 있다. 면세사업자, 간이사업자, 일반과세자. 앞서 말했다시피 책을 만들고 파는 행위는 면세다. 출판사도 면세다. 즉, 책방에서 책만 팔면 면세사업자로 등록할 수 있고 부가세 같은 복잡한 고민을 하지 않아도 된다. 하지만 이 경우 책방에서 커피나 굿즈를 팔 수 없다. 음료와 일반 상품은 과세이기 때문이다. 그렇다면 일반과세자로 넘어가야 하는데, 다만 연 매출이 8,000만 원 이하인 경우에는 '간이과세자'로 등록할 수 있다.(2023년 기준) 간이과세자는 부가세 신고를 매년 1월에 한 번만 하고 소득세에 적용하는 요율이 작다고 한다. 대신 부가세 환급이 없다고 하니 월세 비중이 큰 경우에는 오히려 약간 손해일 수도 있겠다. '열다, 책방'의 경우에는 위치한 지역이 간이과세자로 등록할 수 없는 곳이라고 세무서에서 연락이 와서 처음부터 일반과세로 시작해야 했다.

부가 가치세[6]란, 대부분의 상품의 매매에 부여되는 간접세로 공급가의 10%이다. 1만 원짜리 상품에는 부가세가 약 909원 잡힌다. 만약 300만 원의 매출을 올렸다면 그중 약 27만 원을 세금으로 내게 되는 셈이다. 정확하게는 소비자가 나라에 낼 세금을 내가 받아서 국세청에 전달해주는 개념이지만(=애초에 내가 번 돈이 273만 원인 거다), 그래도 내 손에 들어왔던 돈이 나가는 건 마음이 아프지 않은가! 그런데 책을 팔면 그런 가슴 아픔을 경험하지 않아도 된다. 부가가치세를 신고하고 나면 경비로 지출한 금액(매입 금액)들이 과세인 경우가 많다 보니 오히려 부가세를 환급받을 수 있다. 물론 얼마 되지는 않지만.

등록을 모두 마치고 나면 홈택스 홈페이지에서 사업자등록증을 인쇄할 수 있다. 내 이름과 생년월일, 책방의 이름과 사업자등록번호가 표기된 사업자등록증은 고작 A4용지 한 장의 무게밖에 안 되지만 세상 그 어느 것보다 무겁게 느껴졌다.

---

[6] 부과가치세 아니다.

이 일은 말장난으로 끝나지 않을 것이다. 나는 이제 정말이 업으로 먹고살아야 하고 모든 결정의 권한과 책임은 오롯이 나에게 있다. 이제는 그 누구의 핑계를 댈 수도 없고 누구에게도 책임을 미룰 수 없다. 진짜로 시작되고야 말았다. 이 상황은 내 결정으로 인하고, 난 이것을 후회하지 않을 것이다. 잘 돼도 내 탓, (아마도 확률은 이쪽이 더 높겠지만) 망해도 내 탓인 거다.

이제부터 나는, 자영업자다.

열다지기 무물 Q2

Q: 책방지기는 판타지나 만화 안 좋아하죠?
A: 결론부터 말하자면 둘 다 좋아 죽는다. 옛날부터 좋아했고 지금도 좋아한다.

초등학교 6학년 때 이사했다. 의정부시에서 하남시로 이사를 오면서 겪은 가장 큰 문제는 친구가 없어졌다(!!)는 것이다. 심지어 이사 시기도 1학기가 절반가량 지난 시점이라 이미 아이들은 나름의 그룹을 형성한 뒤였고 인간관계에 소극적인 나는 그 사이를 파고들어 갈 엄두를 내지 못했다. 가장 서러웠던 시기는 여름방학. 친구도 없고 지리도 모르니 할 수 있는 게 아무것도 없었다. 내성적이기는 해도 집돌이는 아니었던 나에게는 큰 어려움이었다.

그때 한 친구가 '공짜로' 만화책을 볼 수 있는 곳이 있다며 나를 데려간 곳은 어느 조그만 사무실에 딸린 서재였다. 지역 유지가 운영하던 공유 서재였는데 2층이라 자연 채광에 환기도 잘 되는 꽤나 쾌적한 환경을 자랑했고, 동선상 어른들이 근무하던 사무실을 통과해서 간접적으로 통제도 이루어지고 있었다. 부모님 입장에서도 걱정은 좀 덜 하셨을 듯하다. 그곳에는 새로운 세상이 있었다. 무려 슬램덩크와 드래곤볼 전권이 있었던 것이다! 3면에 빽빽하게 차 있던 다른 책들은 전혀 기억나지 않을 정도로 두 작품이 내게 준 임팩트는 충격, 그 자체였다. 이 사람은 천사임이 분명해!!

딱 이 타이밍에 초등학교 마지막 여름방학이 시작되었다. 1996

년의 여름은 슬램덩크와 드래곤볼을 통해 호연지기를 기르는 시간이었다. 강백호의 무식함과 재능에 혀를 내두르기도 하고 채치수의 리더십에 감동받기도 하고 서태웅의 잘난 척에 스트레스를 받고 정대만의 눈물에 함께 울먹였던 그런 시간. (선생님, 농구가 하고 싶어요.) 베지터의 츤데레(물론 그때는 이런 용어가 없었다)에 설레고 손오반과 트랭크스의 우정에 감명받아 만나는 친구마다 '퓨전!'을 외치던 시간들.

만화책은 나쁘지 않다. 물론 나쁜 만화책도 있기는 하지만 만화책 자체가 나쁜 것은 아니다. 머릿속에 이미지를 그릴 능력이 아직은 부족한 아이들에게 상상력을 시각화한 이미지로 보여주는 건 분명 도움이 된다. '그는 손오공을 향해 멋쩍게 미소 지었다'라는 표현은 얼마나 불분명한가. 그보다는 베지터가 어색하게 미소 짓는 얼굴을 보여주면 상상력을 구체화하는 데 더 도움이 되지 않을까. 그래서 난 '만화책'에는 반대하지 않는다. 다만 지식을 그림으로 보여주는 것은 득보다 실이 많지 않을까 싶다. '지식'이라는 것 자체가 추상적인 개념이니 추상 자체로 받아들여야 하는 경우가 많은데, 구체화된 그림으로 보여주면 단기적인 기억에는 유리할지 몰라도 공부의 근원이 되는 추상화 능력을 기르는 데 오히려 방해가 되지 않을까 싶다. 그래서 흔히 학습만화라고 부르는 책들은 조심스럽게 접근할 필요가 있다고 생각한다.(책에 담긴 지식의 밀도를 낮추어 진입장벽을 낮추는 데에는 찬성이다.)

초·중학생 시절 내 독서의 중심이 일본 만화였다면 고등학생 시기의 트렌드는 단연코 '판타지/무협'이었다. 1990년대를 지나며 한국의 장르문학은 진일보했다. 기존 번역서 중심의 소설에서 『드래곤라자』를 필두로 『룬의 아이들』, 『드래곤 레이디』, 『카르세아린』, 『비뢰도』, 『묵향』 등 한국형 판타지와 무협소설이 쏟아져 나왔다. 장르소설답게 섬세한 묘사와 아름다운 문장보다는 강력한 스토리텔링과 다음 권을 당장 읽지 않으면 미쳐버릴 것만 같은 흡입력을 주된 무기로 수많은 소년들의 마음을 사로잡았다. 특히 이 시기에 우후죽순처럼 들어선 '도서 대여점'은 이런 독서열에 불을 질렀다. 한 권에 몇 천 원 하는 소설을 단돈 몇 백 원(소설은 700원, 만화책은 300원으로 기억한다)이면 2박 3일을 빌릴 수 있으니 이 어찌 꿀이 아니겠는가! 아니, 2박 3일이 무언가, 하교하면서 어제 빌린 책을 반납하며 다음 권을 빌리고 다음 날은 그다음 권을 빌리는 생활이 이어졌다.

이 와중에 하루에 한 권으로는 성에 차지 않는 아이들이 있었다. 판타지의 경우 한 시리즈가 적게는 다섯 권, 많으면 이십여 권에 달한다. 하루에 한 권씩 꼬박 읽어봐야 한 달 동안 시리즈 하나도 다 못 읽는다. 그런 아이들이 모여서 자발적인 계를 형성했다. 본인이 빌린 책은 집에서 읽어오고 학교에서는 친구의 책과 교환하여 하교하기 전까지 다 읽는다. 그리고 반납하면서 또 다음 권을 각자 빌린다. 시리즈가 겹치지 않게 조정하는 것은 기본.

하지만 세상일은 내 마음 같지 않은 법. 내 책은 당연히 집에서 미리 읽어가야 하는데 이런저런 이유로 읽어가지 못할 경우가 발생하면 어떻게 해야 할까? 선택의 여지는 없다. 학교에서 두 권을 다 읽어야 한다. 왜냐면 집에 가면서 다음 권을 빌려야 하니까.

판타지 소설 한 권의 분량은 250페이지 내외. 쉬는 시간은 네 번

각 10분. 점심시간 중 독서에 할애할 수 있는 시간은 약 35분. 75분 내에 250페이지를 읽어야 한다. 분당 세 페이지. 한 페이지에 20초. 이쯤 되면 읽는다기보다는 눈으로 사진을 찍는다는 표현이 맞을 것 같다. 다행히 섬세한 묘사보다는 스토리텔링이 메인인 장르이기 때문에 세세한 부분은 생략해도 이해하는 데 지장이 없다. 책을 펼쳐서 양 페이지를 한눈에 넣은 뒤에 주요한 단어만 캐치한다. 머릿속에서 이야기를 연결한다. 스토리의 진행이 내 예상과 크게 다르지 않다면 다음 장으로 넘어간다. 그런데 매끄럽게 읽히지 않고 중간에 걸리는 단어가 있다면 내 그림이 틀렸다는 뜻이 된다. 그러면 해당 페이지를 그제야 제대로 '읽는다'. 이렇게 걸리는 페이지가 많으면 75분 내에 해결이 안 된다. 그렇다면 어쩔 수 없지. 수학 시간(담임선생님이셨다)에 읽는다. 수학 수업은 일주일에 4시간이나 있었고, 덕분에 소설책을 읽는데 많은 도움이 되었다. 이때 습득한 주마간산식 속독법은 그 이후로도 책을 읽는 데 큰 힘이 되어 주고 있다(고 생각한다).

III. 버티자!

독립출판물을 아시나요?

　서점은 소상공인이다. 물건을 파는 사람이란 소리다. 그럼 서점은 무얼 팔까? 당연히 '책' 아냐?라고 생각할 수 있겠지만 '책'의 개념이 복잡해져서 그리 간단한 이야기는 아니다. 그중에서도 '독립서점'이라는 이름을 가능케 해준 '독립출판물'에 대해 알아보자.
　독립서점을 이야기할 때 빼놓을 수 없는 키워드가 '독립출판물'이다. '독립출판물'이란 무엇일까? 2010년쯤부터 본격적으로 등장하기 시작한 독립출판물은 '독립'이라는 표현에서 추측할 수 있듯이 출판사를 거쳐 상품으로서의 책을 만드는 것이 아니다. 아무래도 출판사를 거치면 정해진 프로세스에 따라야 하고 편집자와 마케터 등 다양한 주체들에 의해 이런저런 내용이 빠지거나 덧붙여지기 마련이다. 당연한 얘기다. 출판사도 기업이고 기업의 첫 번째 목표는 이윤이니까. 책이 팔리지 않으면 출판사가 망한다. 하지만 그 '팔려야 하니까'에 반기를 드는 세력들이 직접 글을 쓰고 디자인하고 인쇄소와 후가공 업체를 찾아 출판물을 만들기 시작했다. 남들이 1쇄에 1,000~2,000부를 찍을 때, 난 100부만 만드는 한이 있더라도 하고 싶은 대로 하겠다는 자유로움. 시간이 지나면서 자비출판이라는 이름으로 컨설팅하는 출판사가 등장하고 유통까지 대행해주는 업체가 나오면서 초기의 날것 그대로의 느낌은 많이 사라졌지만, 아직도 출판사 없이 스스로의 힘으로 출판물을 제작하는 작가들이 종종 있다.

출판사의 편집 과정을 거치지 않는 데다 수익성을 크게 고려하지 않고 제작하다 보니 독립출판물의 포맷과 내용 모두 굉장히 자유로운 편이다. 초기의 작품들은 굉장히 키치하거나 예술적인 책이 많았는데 시장이 커지고 다양한 사람들이 모여들다 보니 지금은 대중적인 에세이부터 실용서까지 폭이 무척 넓어졌다.

편집자의 손을 거치지 않는다는 것은 보다 생생한 이야기들을 들을 기회라는 장점인 동시에, 글의 퀄리티를 보장할 수 없다는 이야기도 된다. '누가 이런 주제에 대해 읽고 싶어 할까?' 하는 시장성 없는 글도 있고 가끔은 문장이 너무 엉망인(기본적인 주술 구조도 맞지 않는 경우도 있다) 글도 만나게 된다. 하지만 리스크가 있어야 열매가 더욱 달콤한 법. 그러다 진짜 재미있는 글을 만나면 기쁨이 두 배! 내가 발견했다는 보람도 두 배!

 독립출판물이라는 이름에는 독립도 중요하지만 '출판물'이라는 단어에서도 또 하나의 정체성이 드러난다. 이 장르는 도서, 즉 책이 아니다. 법적으로 모든 '도서'는 국립 중앙도서관에 2부씩 납본해야 하고 이 과정에서 ISBN(국제표준도서번호)을 발급받아야 한다. 하지만 ISBN은 신고된 출판사에서만 발급이 가능하다. 결국 출판사를 거치지 않으면 법적으로는 '책'이 아니고 서점 유통망을 통한 유통이 불가능하다. 이것이 독립출판물 작가들이 독립서점에 직접 입고 요청하는 전통의 출발점이다.

 이렇게 만들어진 독립출판물은 작가들이 직접 책방에 문의하여 입고한다. 이때 통상적으로 '위탁판매' 방식을 취하는데 일단 책을 책방에 비치해두고 팔리면 대금을 정산 받는 방식이다. 당연히 책값을 먼저 치르는 '매절' 방식에 비해 작가에게 불리한 것은 사실이나 대신 책방에서는 한 번에 여러 권(보통 다섯 권) 입고하고 표지가 보이게 진열하는 방식으로 작가를 배려한다. 독립서점의 경우 공간이 협소해 같은 책을 여러 권 입고하기가 부담스러운 경우가 많다. 보관에도 '공간'이라는 자원이 들어가기 때문이다. ('열다, 책방'에도 정규 출판사에서 나온 책은 대부분 한 권씩만 입고되어 있다) 작가는 서점에게 자금 흐름에 대한 부담을 줄여주고 책방은 작가의 책을 최대한 노출하는 방식으로 상부상조하는 셈이다. 무엇보다 '이 책은 내가 잠시 맡고 있다'라고 생각하면 어쩐지 내가 사 온 책들보다 조금 더 신경 쓰게 되는 면도 있다.

   정산 금액과 기간은 책방마다 상이한데, 어떤 책방은 100% 매절로 입고하는 대신 정산 금액을 조금 낮추는 경우도 있다고 하고 어떤 책방은 ISBN의 유무와 관계없이 정산 금액을 정하는 경우도 있는 듯하다. 정산 기간의 경우도 매우 다양하다. 뭐가 정답이라고 하기는 어렵지만 '열다. 책방'은 크게 세 가지 원칙을 세웠다.

1) 입고 전 위탁 확인서 작성하기
2) 매월 정산하기 (메일 발송 시 잔여 수량 명기하기)
3) 공급률은 계산서 발행 가능한 경우 70%, 불가 시 65% (위탁기준)

   위탁 확인서를 작성하는 이유는 미리 정리를 해두어 빼먹거나 실수하는 일이 생기지 않도록 하기 위해서다. 그래서 작가에게 판매 관련 정보(계좌번호, 계산서 발행 여부 등)를 작성해 달라고 부탁하고 있다. 매월 정산은 한 독립출판 작가의 이야기를 듣고 결심한 내용이다. 그가 입고한 한 책방에서는 초도 물량 다섯 권이 모두 판매되어야 정산하는 방식이라 언제 정산이 될지, 책이 몇 권 남아있는지 알 수가 없어 답답하다는 이야기였다. 물론 그 책방도 나름의 이유가 있어서 그런 원칙을 정했겠지만 나는 그렇게 하고 싶지 않았다. 업무에 부담이 되지 않느냐고 물을 수 있겠지만, 책이 많이 팔리질 않아서 매월 정산을 해도 시간이 그리 오래 걸리지 않았다.

공급률은 계산서 발행 여부에 따라 다르게 적용한다. 앞의 세금 부분에서 설명한 것처럼 매입 증빙이 되지 않으면 부가세와 소득세 모두 책방으로 부과된다. 특히 부가세 문제에 있어서 '열다, 책방'에서는 독립출판물을 '과세' 상품으로 판매하고 있기 때문에 65%의 공급률을 적용하더라도 책방 입장에서는 원가가 75%인 셈이다. 물론 소득세도 별도로 붙는다.

솔직히 말하자면, 독립출판물을 파는 것은 꽤 손이 많이 간다. 직거래가 중심이라 매번 작가들과 연락을 취해야 하고 '위탁'이라 한 권 한 권 팔릴 때마다 행정적으로 조치해야 하는 일이 많다. (부가세를 포함하면) 공급률도 일반 단행본에 비해 높은 편이라 마진이 적다. '열다, 책방'이 위치한 곳은 젊은 이들(!!)이 많이 오가는 입지가 아니라서 판매 부수가 많지 않아 매출에 크게 기여하지도 않는다.

그럼에도 불구하고 독립출판물에 애정을 갖는 이유는 '누구든 쓰는 사람이 될 수 있음'을 보여주고 싶기 때문이다. 아마도 우리는 김영하나 정세랑이 될 수는 없을 거다. 하지만 우리는 글을 쓸 수 있고 우리가 쓴 작은 글을 통해 공감하거나 위로받는 사람도 있다. 개인화가 점점 심해지는 시대에 서로의 마음을 연결해 주는 건 '글'뿐이지 않을까? 나와 연결될 다른 이의 마음을 찾는 사람을 위해 '열다, 책방'은 지속해서 독립출판물을 소개하고 판매할 생각이다.

책장은 지기를 닮는다

어떤 서점은 서가를 독립출판물 100%로 구성하기도 한다. 또 어떤 서점은 독립출판물을 전혀 들이지 않고 본인이 원하는 분야의 책으로만 꾸미기도 한다. 사실 책방의 브랜딩을 위해서는 하나의 전문 분야를 깊게 다루는 것이 나을 수도 있다. 하지만 안타깝게도 나는 좋게 말해 취향이 다양하고 나쁘게 말해 일관성이 없는 사람이다. 그래서 '열다, 책방'의 서가 구성은 "독립출판물 : 문학 : 비문학 = 1 : 2 : 2"가 되었다.

먼저 독립출판물의 경우, '독립서점이니까 독립출판물이 있어야지!' 하는 가벼운 생각으로 시작했다. 우리 주변의 평범한 이야기를 주로 다루는 독립출판물의 경향성을 좋아하기도 했고, '내가 무슨 글을 써'라고 위축된 사람들에게 글쓰기를 제안할 수 있는 수단이 되지 않을까 생각했다. 독립서점 투어하면서 보니 독립출판물에 대한 수요도 은근 좀 있는 것 같았고. 하지만 중요한 것을 놓쳤다. 독립출판물의 독자층은 매우 한정적이다. 대다수의 작가가 20~30대로 젊은 편이라 중장년층에게 어필하기가 힘들다. 그래서 독립출판물이 잘 팔리는 서점들은 대부분 관광지 인근에서 젊은 독자들이 많이 오가는 곳에 자리 잡는 경우가 많다. 이를 깨달은 건 책방을 열고도 한참 뒤였다. 몇 번 대형 행사에 참여할 기회가 있어 독립출판물을 전면에 내세워 참여했는데 방문객들은 독립출판물이 뭔지도 몰랐고 관심도 거의 없었다.

〈인천의 독립출판물〉 코너

이런 상황이라면 보통은 잘 팔 수 있는 상품에 집중하겠지만 나로 말할 것 같으면 아주아주 어릴 때부터 청개구리로 유명했던 몸!!

몰라? 그럼 알아야지!

관심 없어? 그럼 눈길이 가도록 더 강조해야지!!

시장이 없다고? 그게 바로 블루오션인 거여!!!

그렇게 〈인천의 독립출판물〉 코너를 만들었다. 여전히 매출은 미미하지만 그래도 언젠가는 알아주지 않을까? 하는 마음으로 키우고 있다.

문학과 비문학의 비율을 비슷하게 유지하는 것도 일종의 청개구리 고집이다. 사실 대형서점이건 독립서점이건 판매량으로 따져보면 문학, 그중에서도 소설과 에세이의 지분은 절대적이다. 한강 작가의 『채식주의자』가 부커상을 수상하고 이수지 작가가 안데르센상을 받는 등 한국 문학의 위상은 날로 높아지고 있다. 게다가 몇 년 전부터 급부상하는 에세이 장르는 '브런치' 등 다양한 채널을 통해 양질의 글을 쏟아내고 있고, 실화를 선호하는 한국인의 특성상 열렬한 응원을 받고 있기도 하다. 책방지기 중에서도 문학러버들이 많다. 그러니 책방지기의 취향에 절대적인 영향을 받는 독립서점 중 많은 수가 문학에 깊은 관심을 보이는 건 당연한 결과다.

자, 여기까지가 상식. 그렇다면 '열다, 책방'은 거꾸로 가자! 인문학 도서, 과학 도서, 미술 도서, 건축 도서를 채워보자! 독립서점은 책방지기의 취향이 곧 아이덴티티니까 남들과는 다른 길을 가보자! 라고 외치며 호기롭게 책을 모았다. 플라톤? 콜! 미적분? 콜! 조선사가화? 콜! 한국 건축의 역사? 콜 콜!! 안 팔리면 내가 읽지 뭐! (이 말을 진짜 조심해야 한다)

그리고 깨달았다. 남들이 가지 않는 길은 이유가 있다는 것을. 서가를 둘러본 친구의 한마디.

"책 팔 생각이 있기는 한 거지?"

글쎄 이젠 나도 잘 모르겠다. 아, 하나는 알겠다. 난 진짜 남의 말을 안 듣는다.

좌 인스타, 우 네이버

　스타벅스는 시애틀 구석에서 젊은이 세 명이 모여 맛있는 커피를 만들던 동네 커피숍이었지만 하워드 슐츠가 마케팅 담당으로 영입되며 대전환을 맞는다. 스타벅스도 동네 쩌리로 시작했다면 '열다, 책방'이라고 세계적 브랜드가 되지 말라는 법은 없지 않을까?(없다)

　카카오브런치의 브랜드 마케터 김키미는 『오늘부터 나는 브랜드가 되기로 했다』(웨일북스, 2021)에서 "마케팅은 타인에게 '저는 좋은 사람입니다'라고 말하는 것"이고, "브랜딩은 타인으로부터 '당신은 좋은 사람이군요'라는 말을 듣는 것"(33p)이라고 말한다. 맞는 말이다. 좋은 말이고. 하지만 이제 시작하는 작은 브랜드 입장에서는 너무나도 먼 당신이다.

다른 사람으로부터 "좋은 사람"이라는 말을 들으려면 일단 내가 여기 있음을 사람들이 알아야 할 것 아닌가. 일단 한 가지 희망적인 소식이 있다. 워낙 책방 운영이 어렵다는 소문이 널리 퍼져 있어서 "책방 합니다" 한마디만 해도 사람들이 나를 '좋은 사람'으로 인지해 준다는 것. 오케이. 일단 하나는 됐고. 그렇다면 내가 여기 있음을 알리기만 하면 되나?

내 생각에 책방 브랜딩의 핵심은 "나름의 아이덴티티를 명확히 하고, 그것을 알리면서 오래 버티는 것"이다. 아이덴티티를 구축하는 것은 매우 중요하다. SNS의 발달로 모든 정보가 손바닥 위에서 오가는 이 시대에는 나의 책방이 전국 모든 책방과 실시간으로 비교당하기 때문이다. 게다가 경영이라는 측면에서도 고객이라고 볼 수 있는 독자 혹은 서점 방문객의 수가 지속해서 줄어들어 동네 사람만으로는 책방이 유지되지 않기 때문에 광역권의 독자를 무시할 수 없다. 그렇다면 잠재 고객에게 내 책방을 방문할 이유를 만들어주어야 한다. 이유는 다양할 수 있다. 전문 분야의 책이나 힐링할 수 있는 공간이 이유가 될 수 있다. 사람을 만날 수 있는 기회를 제공하는 것도 이유일 수 있다. 중요한 건 그 이유를 많은 사람들이 알 수 있도록 알려야 한다는 거다. 그 알리는 과정을 '마케팅'이라고 부르기도 하는데 작은 규모의 독립서점에서 택할 수 있는 수단은 실질적으로 많지 않다. 인스타와 네이버 정도? 남들과는 다른 전략을 취하고 싶어서 여러모로 알아보았지만, 다른 매체를 안 쓰는 데는 이유가 있더라⋯.

더불어 가장 중요한 요소는 '시간'이다. 책방은 온라인 쇼핑몰과는 달리 물리적인 공간을 지닌 '점포'다. 물리적인 공간이란 일정한 장소성을 지닌다는 뜻이고 이는 곧 주변의 장소들과 관계를 맺을 수밖에 없다는 말이다. 사람들의 삶의 배경으로 녹아들기 위해서는 불가피하게 시간이 필요하다. 가능하다면 같은 장소에 오래 머무는 것이 장소성 형성에 유리하다. 같은 이름을 갖고 같은 사람이 운영하더라도 장소를 이전한다면 사용자 입장에서 브랜드 캐릭터(성격)에 대한 연속성을 인지하기 어려울 것이다. 캐릭터는 본연의 성격 외에도 주변 상황과의 컨텍스트에서 영향을 많이 받기 때문이다. 따라서 책방의 장소를 처음 정할 때부터 책방의 아이덴티티를 고려하고 장기적으로 머물 수 있는 공간을 탐색하는 노력이 꼭 필요하다. '열다, 책방'의 1순위 후보지였던 송도에도 월세를 맞춰주겠다는 건물주가 있었다. 하지만 상황상 계약기간 만료 후 재계약 시에 금액적인 문제가 발생할 것이 명백하여 눈물을 머금고 포기했다. 합리적인 금액만큼이나 한 장소에 얼마나 오래 머무를 수 있는지도 중요했기 때문이다. 지금의 위치는 협의 과정에서 월세가 지난 10년간 인상된 적이 없다는 관리소장님의 말을 듣고 안심할 수 있었다. 건물주가 이 건물 외에도 소유한 건물이 많다는 말도 도움이 되었다.

　책방을 운영하면서 가장 어려움을 느낀 부분은 '홍보'였다. 결국 홍보는 '무엇을 누구에게 어떻게 알릴 것인가'의 문제인데 '무엇'이야 정해져 있지만 '누구'와 '어떻게' 모두 너무 모호하기 때문이다. 책방을 운영하며 가장 알리고 싶었던 것은, 책과 모임이었다. 특히 북토크나 클래스는 강사비가 발생하기 때문에 모객이 상당히 중요하다. 그런데 이게 참 어렵다. 다양한 채널로 열심히 홍보를 해도 목표로 했던 인원이 모인 적이 많지 않았다. 한 북토크는 공동 저자 세 명이 왔는데 참가자도 세 명인 경우도 있었고, 다른 북토크에서는 사전에 신청한 다섯 명은 한 명도 오지 않고 작가의 지인 다섯 명이 와서 간신히 진행한 경우도 있었다.

간단히 생각하면 '누구'란 독립출판물, 독립서점에 관심 있는 사람이라고 표현할 수 있겠지만 그 사람들이 구체적으로 어떤 사람들이며 어떤 채널로 정보를 얻고 무엇에 관심이 있는지 특정하기가 매우 어렵다. '누구'를 특정할 수 없으니 '어떻게'의 문제가 해결되지 않는 것이 당연하다. 현재 '열다, 책방'에서 운영하는 채널은 인스타그램(페이스북 연동), 네이버 블로그/우리 동네 게시판/BAND, 당근 비즈니스 프로필, 카카오톡 플러스친구 등 여섯 개나 된다. 길거리에서 전단지 돌리는 것 외에는 다 하는 셈이다.

알리는 것도 쉽지 않은데 이것은 마케팅의 첫 단계일 뿐이다. 2023년 대세로 떠오른 '퍼널 마케팅'은 고객과의 관계를 '인지-관심-고민-구매-충성' 5단계로 구분한다. 온라인상의 홍보는 이 중 '인지-관심-고민'의 세 단계를 뭉뚱그린 느낌인데 문제는 그 세세한 과정이 책방지기에게 명확하게 인지되지 않는다는 거다. 책방지기가 확인할 수 있는 사항은 결과로서의 책의 판매량과 프로그램의 참석률, 이 두 가지뿐이다. 앞의 세 단계를 파악하고 지표화하는 방법을 고민 중이지만 쉽지는 않아 보인다. 누구 나랑 같이 해볼 사람?!

책과 책, 북큐레이션

 으음. 곤란하지? 응 아무래도 곤란할 것 같은데. 그래그래 좀 곤란해 보여.
 아니, 곤란한 정도가 아니잖아?! 책이 안 팔리고 있는데?!

 가게에서 물건을 사는 사람을 '고객'이라고 부른다. 고객 중에서도 '꼭 우리 가게에 와 줬으면' 하는 고객을 타깃 고객이라고 한다. 어떤 종류의 물건을 팔던 이 타깃 고객을 설정하는 게 참 중요하다(고 한다). 그리고 그 타깃 고객을 유입시키기 위해 다양한 방법으로 유인책을 만드는데 '열다, 책방'에서는 그게 '북큐레이션'이었다.
 우리나라에도 북큐레이션을 정면에 내건 단체는 몇 군데

있지만 대부분 실무 차원에서 '북큐레이터'를 자임할 뿐 학술적 뒷받침이 없는 경우가 대다수이다. 실제로 북큐레이션이라는 제목을 달고 있는 책 중 대부분은 책을 추천해주는 수준에 머무르고 있고 북큐레이션 연구 또한 대부분 사서들을 중심으로 이루어지고 있어 서점 입장에서는 참고하기 어렵다. 특히 민간 차원의 박사급 논문은 '한국북큐레이터협회'의 김미정 협회장의 논문 뿐이다. 논문[7]과 저서[8]에 의하면 '북큐레이션'이란 "북큐레이터가 이용자가 처해 있는 상황, 요구사항 등을 고려하여 이용자 맞춤형 도서 선정, 가치 부여의 과정을 거쳐 수집한 도서에 심미적 요소를 가미하여 서가에 배열하는 과정을 통해 생애 독자를 확보하는 프로젝트"이다. 이를 내 식으로 풀어보자면 '1년에 7만 종 가까이 되는 신간과 이미 출간된 수백만 종의 책이 누적된 독서 시장에서 독자의 선택지의 질을 올리면서 선택의 폭은 줄여 보다 더 효율적인 선택을 할 수 있도록 도와서 독자가 책을 더 좋아하도록 안내'하는 일이다. 동시에 다른 매체에서 쉽게 발견되지 않는 책들을 물리적으로 드러나 보이게 만드는 역할을 포함한다. 북큐레이션은 '장소'에 대한 큐레이션과 '사람'에 대한 큐레이션으로 구분할 수 있는데 서점 창업 준비생으로서 관심이 있었던 부분은 당연히 '장소'에 대한 큐레이션이었다. 한국 북큐레이터협회에서 두 차례에 걸쳐 긴 수업도 들었고 나름의 방식으

---

[7] 김미정, 「체험경제이론에 의한 북큐레이션 교육 프로그램의 효과 분석 및 모형설정에 관한 연구」, 2022
[8] 김미정, 『북큐레이션』, 씽크스마트, 2019

로 책을 엮는 걸 좋아했기 때문에 북큐레이션은 자신이 있었다. 북큐레이션 자체를 전면으로 내세우는 책방이 많지 않았기 때문에 나름 틈새시장이라는 확신도 있었다.

북큐레이션의 기본은 디스플레이다. 책의 매력을 가장 잘 보여주려면 표지가 보이게 배치하는 것은 상식! 하지만 이런 방식의 배치는 공간을 많이 차지하기 때문에 대형서점에서는 대부분 책을 서가에 수직으로 꽂아놓는다. 자연스럽게 책의 매력은 반감하고 관심받지 못하니 안 팔리고 쌓여서 재고가 되는 악순환이 그렇게 시작된다. 당연히 대부분의 독립서점은 어떻게 하면 책을 잘 보여줄 수 있을까를 고민하며 전면 배치를 조금이라도 더 할 수 있는 방법을 찾게 되는데…. 내가 선택한 디스플레이 방식은 '평대에서 매력을 어필하고 서가에는 쌓아놓자' 콘셉트였다. 평대는 큐레이션된 책들을 제목과 함께 표지가 보이게 배치하여 방문객들의 눈에 띄게 만들고 서가는 분야별로 책등이 보이게 꽂았다. 그러면 아무래도 사람들은 표지가 보이는 책에 관심을 보이겠지?? 했는데, 이게 웬걸? 표지만 쓰윽 훑어보고 아무도 안 사?! 오히려 서가 쪽에 사람들이 더 많이 머물러?!

그래. 솔직히 이유는 알고 있다. 큐레이션의 초점이 고객이 아니라 나였기 때문이다. 예를 들면, 이런 형태다.

105페이지의 큐레이션은 2023년 4월의 구성이다. 대한민국의 4월은 아픔이 많은 달이다. 3일, 16일, 19일. 많은 눈물과 희생을 통해 지금 우리가 사는 세상이 만들어졌음을 기억

4월의 북큐레이션 1

4월의 북큐레이션 2

하기를 원했고 그렇게 만든 큐레이션의 제목이 〈대한민국을 만든 날들〉이었다. 그렇다면, 과연, 이 책 중에 몇 권이나 팔렸을까? 총 24권의 책 중 6권 팔렸다. 그것도 이미 유명한 한강, 현기영 작가의 책만. 취지가 아무리 좋더라도 그 안에 담긴 책들이 사람들이 쉽게 찾지 않는 책이라면 결국 매출에는 큰 도움이 되지 않았다. '새로운 연결을 통해 사람들이 발견하지 못하던 책을 찾아준다'는 북큐레이션의 의의 자체에 대해 고민이 되는 지점이다.

독립서점의 운영에 있어 '콘셉트' 혹은 '특성화'는 매우 중요한 요소다. 인터넷에서 전국 모든 서점을 검색해 볼 수 있는 21세기에 '저 책방을 가봐야겠다'라고 생각하게 만드는 중요한 요인이기 때문이다. 〈루이그리다〉처럼 책과 아트, 스테이의 '결합'이 콘셉트일 수도 있고, 해방촌의 〈스토리지북앤필름〉처럼 '독립출판물' 그 자체가 콘셉트가 될 수도 있다. 북큐레이션만으로 부족하다면 '열다, 책방'을 위한 최적의 콘셉트는 무엇일까? 3년 차가 되어가는 지금도 늘 고민하는 주제이다.

사람과 사람, 독서 모임

　2019년 '송아작독'이라는 이름으로 시작한 독서 모임은 코로나를 거치며 'ShallWeRead'로 이름을 바꿨다. 독서 모임을 운영하며 항상 고민했던 부분은 두 가지였다. '책을 읽고 싶어서 모인 사람들이 왜 독서 모임에는 나오지 않을까?'와 '이번 주 모임 어디서 하지?'.

　당시에는 한 달에 모임이 두 번이었고 그중 한 번이 자유 도서 모임이었기 때문에 실제로 같은 책을 읽고 감상을 나누는 독서 모임은 월 1회꼴이었다. 한 달에 한 권밖에 안 되는 기회가 소중한 것은 당연지사. 그래서 2020년에는 매번 회원들을 상대로 도서 추천을 받았다. 응? 분명히 이 책에 여덟 명이 투표했는데, 왜 세 명밖에 안 오지? 추천을 받은 책으로 진행해도 사람들이 안 와서 2021년에는 내가 하고 싶은 책으로 진행해 봤는데 그래도 세 명은 오더라. 여기서 하나의 교훈을 얻었다. 독서 모임은 주관하는 사람이 읽고 싶은 책으로 해야 한다. 그래야 출석률이 저조했을 때 자부심이라도 챙겨갈 수 있다.

책 선정도 쉽지 않지만 장소를 섭외하는 일이 정말 스트레스였다. 적게 모일 때야 크게 상관없지만 많이 모이면 열 명 가까이 모이는데, 작은 카페에서는 눈치가 보였고 큰 카페에서는 주변 다른 손님들의 대화 소리와 음악 소리에 멤버들의 발언이 묻혀 안 들리기 일쑤였다. 독서 모임의 경우 내향적인 성격의 회원이 많은 편이라 귀를 기울여도 잘 안 들리는 볼륨의 소유자들이 제법 있기 때문이다. 대안으로 스터디 카페의 그룹스터디 룸을 활용해 보기도 했는데 8~10명이 들어갈 수 있는 스터디룸 자체가 드문 데다가 음료와 분위기가 아쉬운 경우가 많았다.

내 공간에서 많은 책들로 독서 모임 하고 싶어서 책방을 열자마자 독서 모임을 만들었다. 하지만 생각하지 못했던 것이 있었다. 바로 독서 모임의 운영. 매주 토요일 각기 다른 책으로 독서 모임을 하는데 모든 모임의 발제를 내가 혼자 써야 한다면 어떨까?

2022년 하반기부터 2023년 상반기까지, 약 일 년의 시간이 이렇게 흘러갔다.

토요일(D-7). 참가자들이 함께 있는 단톡방에 공지를 올린다. "안녕하세요 열다 책방입니다. 벌써 우리 모임이 일주일 앞으로 다가왔네요~! 책은 재미있게 읽고 계시나요? 언제나처럼 발제문은 목요일 저녁쯤 공유될 예정입니다. 읽으시면서 함께 이야기 나누고 싶거나 다른 분들의 의견이 궁금하신 내용이 있었다면 수요일까지 제게 알려주세요. 발제문에 포함하여 함께 이야기할 수 있는 시간 만들도록 하겠습니다. 담주에 뵈어요~!!!"
이렇게 보내면 아무도 의견을 안 보내올 것 같지만 놀랍게도 보내오는 참가자가 가끔 있다. 감동이다.
일요일(D-6). 저녁에 온라인 책 모임 인증이 있다. 그전까지 할당량을 다 읽어야 한다. 시간이 남으면 오늘부터 선정 도서를 읽을 수 있다.
월요일(D-5). 책방은 휴무일이지만 사람은 쉬지 못한다. 이것 저것 잡일을 처리하는 와중 짬을 내어 선정 도서를 읽는다.
화요일(D-4). 선정 도서는 오늘까지 다 읽어야 한다. 일찍 완독하였더라도 화요일에는 발제문을 쓰지 않는다. 잠을 통한 뇌 내 정보의 정리를 믿는 편이다.
수요일(D-3). 발제문을 쓴다. 참가자가 보내준 자료가 있으면 내 양식에 맞게 가다듬는다.
목요일(D-2). 어제 발제문이 완료되지 않았다면 마무리한다. 저녁에 단톡방에 발제문을 올린다. (필요에 의한) 다른 책을 읽는다.

금요일(D-1). 단톡방에 내일 모임이 있다고 안내한다.
토요일(D-day). 자리를 세팅하고 음료와 간식을 준비하여 모임을 진행한다. 다음 주 모임의 단톡방에 공지를 올린다. 목요일에 읽기 시작한 책을 마무리 짓는다. 마무리가 안 되면 매우 곤란해진다.

빡세 보인다고? 빡세다. 하지만 안 할 수가 없었다. '열다, 책방'의 독서 모임은 '유료'이기 때문이다.

독서 모임을 유료로 운영하는 방법은 두 가지가 있다. 참가비를 받거나 참가비를 안 받고 책 구매를 유도하거나. '열다, 책방'이 운영하는 '열다 북클럽'은 전자의 방식을 취했다. 후자의 방법을 택하지 않는 이유는 의외로 독서 모임에 책을 구매하지 않고 참여하는 사람이 많기 때문이다. 특히 유명한 고전을 다룰 때에는 책을 이미 가지고 있는 경우도 많고 그게 아니더라도 도서관에서 책을 빌려와서 참석하는 경우도 적지 않다. 개인적으로는 읽으며 밑줄 치는 습관이 있어서 남의 책으로 읽는 게 더 어렵다고 생각하는 편이긴 하지만 독서 스타일은 각자 다를 수 있으니. 뭐. 여하튼 책 판매로 연결되는 것에 대한 집착을 줄이고 싶어 참가비를 받는 방식으로 운영하기로 했다.

대신 무료로 운영되는 독서 동아리들과의 차별성을 위해 발제문을 직접 작성하기로 했다. 읽으면서 이슈가 되겠다 싶은 내용에 밑줄과는 별개로 인덱스를 붙여놓았다가 발제문을 작성하면서 표시된 부분을 중심으로 책 전체를 재독한다. 이런 방식으로 보통 기본항목(별점과 인상 깊은 문장)과 토론 항목을 합쳐 10개 내외로 정리하고 발제문과 발췌문을 작성하여 배포한다. 독서 모임으로 벌어들이는 돈과 책을 읽고 발제문을 작성하고 모임을 진행하는 데 소요되는 시간을 비교해 보면 여전히 최저임금에 못 미치지만, 그래도 재밌으니까!

이러한 방식으로 2023년 상반기까지 '열다, 책방'에서 운영하는 모든 독서 모임을 내가 진행했다. 언택트 모임 2개(모닝 고전 초서, 저녁 벽돌책 깨기)와 오프라인 모임 4개를 모두! 독서 토론 모임은 아니지만 격주로 금요일에 필사 모임/묵독 모임을 번갈아 열었고 그 외에도 북토크, 글쓰기 모임 등 다양한 모임들을 만들었다. 북클럽 회원들을 대상으로 운영하는 '책수다 오픈톡방'까지 따지면 책 모임 관련 단톡방만 9개. 그 이상일 때도 있었다.

발제문을 쓰느라 12시를 넘겨 퇴근하기를 여러 번, 조금씩 회의감이 들었다. 어느 순간부터 책을 읽는 동안 다음 책 때문에 스트레스 받고 있는 나를 발견했다. 책에 푹 빠져서 그 감동을 끌어내는 것이 아니라 발제를 위한 독서를 하고 있었다. 내가 독서를 즐기지 못하는데, 다른 사람에게 독서가 즐거운 것이라고 어떻게 말할 수 있을까. 현타가 왔다. 정신줄을 놓고 멍을 때리고 있자니 못 보던 장면들이 눈에 들어왔다. 책을 진지하게 읽을 뿐 아니라 타인에게 애정과 관심을 기울이는 사람들이 있었다. 두 명의 회원에게 독서 모임 리더를 해보지 않겠냐고 제안했다. 처음에는 부담스러워했지만 지속적인 꼬드김 끝에 결국 넘어왔다. 내 눈은 정확했다. 두 리더를 믿고 의지하는 사람들이 생기기 시작했다. 지금은 내가 운영하는 모임보다 두 리더가 운영하는 모임이 더 많다. 물론 금전적인 부분만 생각한다면 직접 모든 모임을 운영하는 게 맞다. 하지만 특정 분야에 있어 나보다 잘할 수 있는 사람이 있다면 그 사람과 손을 잡는 것이 전체적인 퀄리티를 향상하는 데도 도움이 되고 모임 전체의 다양성을 확보하는 데 도움이 되지 않을까? 협동 체제가 시작된 지 9개월이 지난 지금, 실험은 매우 성공적이라고 생각한다. 현재는 세 명의 리더가 세계문학, 한국문학, 장르문학 분야를 맡아 진행해 주고 있다.

인문학 독서 모임

왜 이렇게까지 하느냐고 물으신다면, 독서 모임이야말로 '열다, 책방'의 설립 취지라고 대답해드리리다. 독서 저변이 확대되지 않는다면 동네 책방은 망할 수밖에 없다. 그렇다면 무엇으로 사람들을 독서로 끌어들일 수 있을까 고민해 보았을 때 독서 모임보다 더 궁극적인 방법은 없다고 생각한다. 독서에 대한 추동력이 부족한 사람은 정해진 날짜 때문에 읽게 되고, 읽는 것만으론 재미를 못 느끼는 사람은 대화를 통해 새로운 재미를 찾아가게 되고, 친구가 필요한 사람은 책으로 새로운 관계를 맺게 되는. 그래서 다시 다음 책을 펼치게 되는. 그야말로 무한의 선순환 고리가 형성된다!

읽지 않는 사람은 한 권 읽는 사람이 되고 한 권 읽는 사람은 두 권 읽는 사람이 되는 공간. 그런 공간이 '열다, 책방'의 지향점이다. 그 과정에서 발생하는 참가비로 책방도 먹고 살고. 책도 사주시면 더 좋고.

살아남느냐 사라지느냐

한동안 '도서정가제' 때문에 언론이 시끌시끌했다. 혹자는 '출판업계에도 경쟁이 필요하며 건전한 경쟁은 가격의 인하를 불러올 것'이라고 이야기하기도 한다. 도서정가제의 폐지가 동네 책방에 더 도움이 될 거라고 주장하는 사람도 있다. 하지만 현장을 아는 사람들은 대부분 이에 동의하지 않는다.

현재의 도서정가제는 2003년 시작되었다. 대한민국이 피크를 달리던 1990년대, 출판사들의 마케팅 전략은 하나뿐이었다. 할인. IMF 직전의 대한민국은 뭘 만들어도 잘 팔리던 시장이었고 재고가 쌓이면 할인해서 팔면 그만이었다. '가격'이 영업/마케팅 전략에서 가장 중요한 요소인 것은 사실이지만 오로지 '가격'만이 모든 것을 좌우한다면 살아남는 회사는 실력이 있는 회사가 아니라 자본력이 풍부한 회사일 가능성이 높다. 자본력 있는 회사 입장에서는 쓴 돈을 회수하기 위해(=자본력을 재확충하기 위해) '필요한 책'이 아닌 '팔리는 책'에 집중하게 되는 건 당연지사. 결국 책의 다양성과 창의성은 사라지게 될 것이고 이는 장기적으로 보았을 때 국가 경쟁력 손실이자 사회의 안정성을 해치는 일이라고 당시의 정부, 업계 모두 공감했던 듯하다. 처음에는 한시적으로 운영하려고 했었는지 5년을 기한으로 일몰법으로 만들었지만 그 이후로도 지속해서 활용하고 있다.

2024년 초부터 정부가 도서정가제를 손보겠다고 하는 등 도서정가제에 대한 비판은 지속되고 있다. 마치 도서정가제 때문에 책이 비싼 것처럼 몰아가는 사람도 있고. 과연 도서정가제가 없어지면 책값이 떨어질까? 앞에서 분석했듯이 이미 책값에는 여유분이 없다. 출판사는 기껏해야 15% 남짓 나오는 마진에서 인건비와 광고비, 창고 비용을 치러야 하고 일선에서 일하시는 인쇄 전문가와 프리랜서 번역가들의 수당은 20년 넘게 제자리다. 옛날에 비해 책값이 많이 오르기는 했지만 정작 업계는 열정페이에 가까운 원가로 돌아가고 있는 셈이다. 책이라도 많이 팔리면 어떻게든 메우겠지만, 몇몇 대형 신간 외에는 초판 1,000부 팔기도 쉽지 않은 세상이 되었다.

내가 보는 출판업계는 이미 코마에 빠진 환자이며 도서정가제는 그나마 환자의 생명을 유지시키고 있는 생명유지 장치이다. 이 장치가 제거되는 순간 그나마 있던 서점들마저 문을 닿을 것이다. 그리고 그 자리는 그나마 자본력이 뒷받침되는 대형서점이 차지하겠지. 마치 동네 빵집은 몽땅 망해버리고 파리바게뜨만 남은 우리 동네처럼.

그렇다면 독립서점은 대형 서점과 온라인 서점에 대항해 어떻게 살아남을 수 있을까? 사실 대형 서점도 적자를 밥 먹듯이 하는 상황에서 경쟁이라는 말을 쓰기도 조심스럽긴 하지만 독립서점만이 할 수 있는 것이 있다. 독립서점은 동네 책방이 되어야 한다. 왜일까? 이 질문에 대한 답은 '동네'라는 단어에서 찾을 수 있다. 지금의 동네 책방은 단순히 책을 파는 상점이 아니다. 독립서점의 포탈이라 부를만한 북샵맵(https://www.bookshopmap.com)이 매년 발간하는 〈동네서점 트랜드〉에 의하면 2024년 1월을 기준으로 전국에 동네 책방은 900곳이 운영 중이다. 그중 독서 모임을 운영하는 서점은 32%, 북토크는 23.7%에 이르는 등(2023년 기준) 다양한 문화 이벤트를 적극적으로 운영하고 있다. 한국서점조합연합회 같은 사단법인이나 기업에서 지원하는 프로그램도 있지만 대부분은 서점주가 기획하고 시민들에게 참가비를 십시일반으로 받아 운영하는, 말 그대로 '풀뿌리' 문화시설인 셈이다.

이런 현상은 책만 팔아서는 운영이 불가능한 영세한 책방들의 고육지책이다.(사실 책만 팔아서 운영이 어려운 것은 대형서점도 마찬가지이긴 하다) 하지만 책방지기들은 '오히려 좋아!'라며 기쁜 마음으로 프로그램을 만든다. 코로나19 이후 급속하게 온라인화 되어가고 있는 세상이지만 우리에게 이웃이 있음을, 소통하고 대화 나눌 대상이 있음을 알리는 역할을 기꺼이 맡는 것이다. 물론 책은 혼자 읽어도 된다. 읽고 싶은 책을 사서 혼자 읽어도 똑똑한 사람은 될 수 있다. 하지만 더 '나은' 사람이 되기는 어렵다. 왜냐하면 지혜와 행복은 결국 '관계'에서 비롯되기 때문이다.(톨스토이 할배의 말씀을 기억해 보자)

'열다, 책방'도 마찬가지이다. 책을 읽고 발제문을 쓰고 독서 모임을 진행하는 일은 이리 보고 저리 봐도 최저시급도 안 나오는 일이다. 북토크는 애초에 참가비가 없다시피 하고 책맥 같은 커뮤니티 행사는 받은 참가비보다 더 많은 비용을 지출하는 경우가 허다하다. 그런데도 꾸준히 이벤트를 기획해서 실행하는 까닭은 커뮤니티를 형성하고 싶기 때문이다. 이왕이면 지적 자극을 기반으로 한. 이러한 커뮤니티가 누적되면 지역에 대한 애착심을 형성하고 지역 경제 활성화에 기여할 것이라고 믿는다. 지역 경제가 살아나면 동네 책방에 대한 관심도 늘어나고, 사람들이 더 모이고, 네트워크가 확장되고. 그래! 이렇게 선순환을 만드는 거야!

그리고 그 커뮤니티의 중심에는 동네 책방이 있어야 한다. 지역밀착적인 활동은 대형서점이나 온라인 서점은 꿈도 꿀 수 없는 것일 테니 말이다.

프로그램 서바이벌은 진행 중

 프로그램은 동네 책방의 꽃이며 존재가치의 증명이다. 내가 책방을 열면서 생각한 프로그램의 원칙은 딱 하나였다. 책이나 글과 직접적인 연관이 있을 것.

 전국의 많은 서점들은 각자의 개성을 살린 다양한 프로그램을 운영한다. 가장 흔하게는 북토크부터 와인 모임을 하거나 뜨개질하는 책방도 있다. 하지만 나는 '서점'이라는 장소에 걸맞은 프로그램을 운영하고 싶었다. 솔직하게 말하자면 그 외의 분야는 아는 게 없기 때문이기도 했다. 내가 무슨 수로 드립커피 모임, 와인 모임, 뜨개질 모임을 운영하나. 아는 게 없는데. 또 성격상 직접 기획하고 진행해야 직성이 풀리다 보니 다른 사람에게 맡기는 것도 어려웠다. 그래서 결과적으로 '열다, 책방'의 모임은 대부분 책이나 글에 관한 모임이다.

어떤 걸 했냐면,

1) 독서토론 모임 : 2019년부터 운영한 독서 모임. 현재는 4개 주제로 주말/주중 팀을 운영한다. 최소 인원은 4명, 최대 인원은 8명. 4명보다 적으면 다양한 의견을 듣기가 어렵고 8명이 넘어가면 모두에게 발언 시간을 공평하게 배분하기가 어렵다. 정규 모임은 3개월 단위로 모집한다. 기간이 너무 길다고 부담스러움을 표시하는 회원도 계시긴 하지만, 회원 간에 관계가 형성되려면 필요한 대화 횟수의 최소치가 3회는 되어야 한다고 생각했다. 서로 모르기 때문에 편견 없이 나눌 수 있는 대화도 있지만, 서로 어느 정도 알기 때문에 들어갈 수 있는 깊이감도 있지 않을까. 지금은 거의 일년 넘게 서로 보아오며 절친이 된 회원들도 있다. 뿌듯하다. 참가비는 3개월에 5만 원 (2024년 기준).

2) 글쓰기 모임 : 글쓰기 모임은 목표를 무엇으로 잡는가에 따라 운영 방식이 매우 달라진다. 실제로 글쓰기 모임으로 유명한 책방들은 자체적인 수업을 통해 신춘 문예 등단 작가를 배출하거나 다양한 공모전에 입상하는 성적을 내기도 한다. '열다, 책방'의 목표를 한마디로 표현하자면, '수준 높은 아마추어리즘'. 누구나 한두 분야를 제외하고는 아마추어일 수밖에 없다. 세상의 대부분을 차지하는 아마추어들의 수준이 올라간다면 사회 전반의 교양 수준도 올라가지 않을까? 세상을 아름답게 하는 것은 멀리 있는 위인들의 업적이 아니라 우리 이웃의 작은 배려들일 테니. '열다, 책방'의 글쓰기 모임의 이름은 '글多쓰다'. 글을 많이 쓰고자 하는 마음과 쓰기 시작하면 끝까지 다 썼으면 하는 소망을 담았다. 주력은 에세이 쓰기 모임과 서평 쓰기 모임인데 월 2회 만나서 서로의 글을 읽고 생각을 더하고 함께 다듬는 모임으로 운영 중이다. 에세이 모임은 V님이, 서평 모임은 S님이 진행해주신다. 시행착오도 많고 매번 인원을 모으는 것도 쉽지 않지만 동네 책방에는 반드시 필요한 모임이라고 생각해서 꾸준히 지원하고 있다. 참가비는 월 2회 참석 기준으로 3개월에 15만 원. 소설 쓰기 모임과 편집 공부 모임도 만들어봤는데 실질적인 운영의 난이도가 너무 높았다. 전문 강사를 초빙하면 좋겠지만 그건 돈이….

3) 목요작업실 : 글, 그림 등 개인적인 작업을 해야 하는데 공간이 필요한 사람들이 모여 함께 작업하는 모임이다. 카페는

주변 환경을 통제하기 어렵기도 하고 비슷하게 작업하는 사람들이 주변에 있으면 긴장하게 되지 않을까? 그래서 이제 막 시작한 모임. 여기서 등단 작가도 나오고 상받는 사람도 나오면 좋겠다. 참가비는 한 달에 2만 원(월 4회).

4) 필사 모임 / 묵독 모임 : 2023년에 열심히 밀었던 모임 유형. 일주일에 하루 정도 조용히 책 읽고 쓰고 싶은 사람들이 있지 않을까 해서 꾸준히 모집, 운영했는데 생각보다 호응이 없었다. 너무 뜨문뜨문 진행되어서 포기.

5) 점점점, 읽고 쓰는 모임 : 소수 정예로 한 달에 한 권을 읽고 글을 한 편씩 쓰는 모임. 2023년 5월부터 12월까지 4명이 8권의 책을 읽고 각각 8편의 글을 썼다. 에세이 위주지만 시와 소설도 한 편씩 있다. 결과물이 2024년 5월에 책으로 나올 예정! 과연 팔릴 것인가! 두둥!!

6) 온라인 모임 : 벽돌책 깨기, 필사 모임, 책수다방이 운영 중이다. '벽돌책 깨기방'은 500쪽 이상의 두꺼운 책을 일 단위 또는 주 단위로 정해진 분량을 읽은 뒤 인상적인 부분을 찍어 단톡방에 올려서 인증한다. '필사 모임방'은 자유롭게 책을 읽은 뒤 쓰고 싶은 만큼 써서 사진을 찍어 단톡방에 인증. '책수다방'은 전체 회원 대상으로 어떤 책이든 그날 읽은 내용을 매일 밤 10시에 올리는 단톡방이다. 의무가 아니라서 눈팅만 해

도 된다. 사람들이 하도 인증을 안 올려서 잠시 없앴는데 '눈팅 잘 하고 있는데 왜 없애냐'는 항의가 들어와서 다시 부활시켰다. 아니, 눈팅만 하지 말고 인증을 올리시라고요.

7) 기타 책모임 : 3시간 이상 가둬놓고 독서를 강요하는 '가두리 모임', 한 권 다 읽을 때까지 집에 안 보내는 '책팬다 모임', 밤 11시에 시작해서 새벽 5시에 끝나는 '심야 책방 모임'은 나름 반응이 괜찮긴 했는데 내가 힘들어서 2번은 못 한 모임들.

8) 외부 강사와 함께한 모임 : 독립출판 작가와 함께하는 '나를 열어보는 깊은 글쓰기', '영어 그림책 읽기 모임'도 진행했는데 홍보력의 문제인지 인원이 모였다 안 모였다 해서 불규칙하게 진행. '가사 쓰기 클래스'와 '그림책 만들기 클래스'는 아예 최소 인원 모집에 실패하여 시작도 못 했다. 외부 강사와 모임을 진행하려면 강의비가 만들어져야 해서 홍보가 매우 중요하다. 아무리 좋은 모임이라 할지라도 사람들이 몰라주면 그걸로 끝.

9) 책모임 아닌 모임 : 신청자를 모아서 '책방 투어 모임'(비정기)을 세 번 진행했다. 가장 멀리는 아산의 '모랭이숲'까지 갔다 왔는데 소풍 가는 느낌이라며 회원들도 좋아했다. 분기에 한 번 정도씩 '책맥 모임'도 연다. 책에 대한 부담 없이 모여보자는 취지였는데 취지에 너무 맞게 아무도 책 얘기를 안 한다.

이렇게 쓰고 나니 진짜 이것저것 많이 했다는 느낌이 든다. 이렇게 2년 정도 열심히 하다 보니 '열다, 책방'의 프로그램이라면 덮어놓고 신청하는 우량(?) 고객도 생겼다. 독서 모임만 놓고 보면 1년 넘게 꾸준히 참여하는 사람이 열 명 정도 되고. 새로운 회원이 합류하는 것도 물론 기분 좋은 일이지만 기존 회원이 재신청한 것을 확인했을 때의 기쁨은 이루 말할 수 없다. 내가 한 일이 의미 있는 일로 받아들여지는 것 같아서.

없으면 안 돼, 도서관

 종종 "도서관은 서점의 경쟁자가 아니냐"라는 질문을 받는다. 똑같이 책을 다루고 있으니 도서관의 이용률이 높아지는 것이 서점에는 손해가 아닌가 하는 걱정 어린 질문을 받으면 단호하게 "아니"라고 답한다. 근거는 아주 간단하다. 이렇게 되물으면 된다.
 "도서관이 문을 닫는다고 해서 그 사람들이 서점에서 책을 살까요?"
 사람들이 책을 사지 않는 이유는 매우 다양하다. 애초에 읽지 않아서, 너무 비싸게 느껴져서, 집에 놓을 공간이 없어서, 들고 다니기 불편해서 등등. 하지만 그 이유 중 '어차피 도서관에 가면 빌려주니까'가 차지하는 비율이 얼마나 될까? 오히려 도서관이 줄어들면 가뜩이나 적은 독서 인구가 더 줄어들지 않을까? 독서에 흥미를 갖게 되는 과정에서 도서관이 얼마나 큰 역할을 하는지 생각해 본다면 오히려 도서관은 더 흥해야 한다.

물론 현실적인 이유도 있다. 바로 '납품'이다. 책방 에세이에 빠지지 않고 나오는 소재이기도 한데 납품이 현실적으로 책방을 먹여 살리는 거의 유일한 수입원인 경우도 있다. '열다, 책방'도 크게 다르지 않다. 2월에 드디어 첫 물량이 풀리면 안도의 한숨이 나온다. 실제로 춘궁기(2~3월에는 정말 가뭄 수준이다)에는 책방 매출의 90% 이상이 납품으로 채워지는 달도 있다. 물론 도서정가제 상 할인 가능 폭(10%)을 채워서 납품을 하기 때문에 매장에서 판매하는 것보다는 이익의 폭이 조금 작고,[9] 배달을 가야 하는 등 손이 조금 가긴 하지만, 없으면 큰일 난다. 게다가 신청한 책들을 검수하는 과정에서 몰랐던 책들을 알게 되는 재미도 쏠쏠하다. 한번 쓰윽 훑어보고 괜찮은 책이다 싶으면 슬쩍 다음날 주문을 넣기도 한다.

납품뿐만 아니라 도서관과 다른 방식으로 연결되기도 한다. 인천에는 공공도서관의 운영 주체가 세 곳이다. 구 별로 1개소씩 운영하는 인천광역시교육청 도서관, 미추홀 도서관을 메인으로 하는 인천광역시립 도서관(인천시 내 5개소가 있다고 한다), 연수청학 도서관을 메인으로 하는 연수 구립 도서관이 각각 운영되고 있는데 그중 인천광역시교육청 연수도서관

---

9 2023년까지는 MARC(바코드 같은 것들 부착하는 작업)의 계약단가가 실비용보다 적어서 책의 이익을 까먹는 구조였는데 2024년에는 조금 올라서 비용이 커버된다.

과 협업이 만들어졌다. 발단은 아주 사소한 계기였다. 2023년 연수 도서관에서 독서문화기획자 권인걸 작가님을 모시고 독서 모임 운영에 대한 강의를 열었다. 별생각 없이 참석했는데, 기획한 도서관 담당자가 내가 책방을 운영한다는 사실을 알고 책방과 함께할 수 있는 기획을 제안했다. 그렇게 2023년에 독립출판물 북토크와 전시를 연수도서관에서 진행하고 독립서점 투어와 에세이 쓰기를 결합한 클래스를 만들었다. 2024년에는 보다 내용을 확장하여 '뉴 그레이 미니 자서전 쓰기'와 '현직 1인 출판사 대표와 함께하는 책 만들기' 등 다양한 모임을 진행하는 중이다.

이런 방식의 협업에도 문제가 없지는 않다. 가장 곤란한 점은 책방지기가 강사로 들어가지 않는 경우 책방에 직접적으로 지원되는 금액이 전혀 없다는 사실이다. 책방에서 진행하는 프로그램이라 할지라도 참가자 도서 지원과 강사비 외에는 지급되지 않는다. 기획하고 강사 일정을 조율하는 등 기획자로서 투입되는 비용이 전혀 보전되지 않는 것이다. 일종의 열정페이랄까? 어떤 곳에서는 강사비의 일부를 서점이 페이백 받는 형식으로 진행한다고도 하는데 그런 방식은 모양새가 좀 빠져서…. 일정 부분 도서관의 업무를 대신 수행하는 것이니 얼른 기준이 개선되어 노동에 대한 정당한 대가가 지급되기를 바란다.

공공기관을 운영하거나 공공기관이 집행하는 비용을 '눈먼돈'이라고 부르곤 한다. 집행 기준과 수혜 대상이 불분명한 경우에 특히 그런 이야기를 많이 듣게 되는데 내가 참여해 보니 도서관에 관해서는 그런 말을 할 수 없겠다는 생각이 든다. 도서관에서 진행하는 프로그램은 기본적으로 모든 지역주민에게 열려 있다. 그 과정에서 소요되는 비용은 가능한 범위 내에서 최소한으로(!!) 지급한다. 그 비용을 지급받아야 하는 입장에서야 조금 아쉽지만 한 푼 두 푼 모아서 지역주민에게 도움 되는 일을 조금이라도 더 하겠다는, 최소한 책 한 권이라도 더 구비하겠다는 사서 선생님들의 모습은 매우 인상적이었다. 최소한 내가 만난 사서 선생님들은 하나같이 맡은 일을 열심히 하면서도 연결된 모든 관계자들에 친절함을 잃지 않는 분들이었다. 실제로 '열다, 책방'이 인천시에 등록하는 과정에서도 도서관에서 먼저 연락이 와서 날짜를 알려주고 잊지 말라고 조언해 주었고 프로그램 기획을 할 수 있는 기회를 먼저 제공하기도 했다. 납품 과정에서 문제가 생겼을 때 탓을 하기보다는 가장 좋은 해결책을 함께 찾는 모습은 공무원에 대한 선입견을 해소하는 데 도움이 되었다.

    그래서 난 도서관이 더 흥해야 한다고 생각한다. 더 많은 사람들이 더 많은 이벤트를 만나고 책을 더 좋아할 수 있는 공간으로 변모해가기를. 그리고 그렇게 책을 좋아하게 된 사람들이 책방으로 흘러들어 오기를.

열다지기 무물 Q3

Q: 수학 공부에 문해력이 필요하다고요? 문제를 잘 읽어야 한다는 얘긴가?
A: 그보다는 수학이라는 '언어'에 대한 문해력이죠.

사실 수학도 문해력이다. 다만 그 구성이 다른 분야와 차이가 있을 뿐이다. 국어와 영어가 문자언어로 구성되어 있다면, 수학은 숫자언어로 구성되어 있을 뿐이다. 예를 들어보자면, '빨간 자동차'라는 단어는 '빨갛다'라는 단어와 '자동차'라는 단어가 만나서 생기는 개념이다. 이 과정과 1+2=3이 되는 과정은 동일하다. 이상하게 들리는가? 생각해보자. '빨갛다'는 것은 무엇을 의미하는가? 물론 과학적으로 따지자면 '얼마부터 얼마까지의 파장을 가지는 빛'이라고 말할 수 있겠지만, 우리가 일상에서 느끼는 '빨갛다'는 경험으로 누적된 '대~충 저 정도 색깔'이다. 자동차도 사전적 정의와 관계없이 '대~충 저렇게 생기고 사람이 탈 수 있는 것' 정도로 추상화되어 우리의 머릿속에 저장되어 있다. 숫자도 마찬가지다. 1과 2를 명확히 정의하라면 참 애매하지만 우리가 공통으로 머릿속에 인지하는 개념이 있다. 그리고 그 개념 안에 1과 2는 분명 다르다. 3도 마찬가지고. 결국 추상적 개념과 추상적 개념이 만나 새로운 추상적 개념이 되는 것이다.

한 단계 더 나아가 보자면, '새빨간 스포츠카'라는 말은 '빨간 자동차'에서 '빨갛다'를 조금 더 강조하여 새로운 개념을 만들어내고 '자동차'의 특성 중 하나인 스피드를 강조하여 '스포츠카'라는 새로운 속성을 부여하여 원래의 단어와 관계는 있지만 조금 다른 개념을 만들어낸다. 수학에서 2+2+2+2=8이 2×4=8로 중첩되는 것과 비슷하지 않은가? 이런 식으로 언어가 섬세해지거나 새로운 개념을 얹어 나가는 과정은 사칙연산이 제곱, 루트, 미적분이 되는 것과 비슷하다. 연역법과 귀납법으로 추리해나가는 과정은 함수를 풀어가는 과정과 비슷하고, 다양한 캐릭터를 정의해나가는 소설의 과정은 행렬/수열과 다르지 않다. 묘사와 은유, 상징은 기하학에 비유할 수 있겠다.

즉, 수학은 숫자로 이루어진 문장일 뿐이고 초기에 문해력을 수립해서 그 뒤로 조금씩 발전시켜 나가야 한다. 사실 언어도 엄격한 논리가 있다기보다는 반복적으로 접해서 뇌리에 때려 박는 것에 가깝지 않나. 때려 박다 보니 나름의 규칙성이 보이게 되고, 그런 규칙성을 정리한 게 '문법' 아닐까? 수학도 외국어처럼 많이 접하다 보면 나름의 규칙성이 보이고, 오히려 익숙해지면 언어보다 훨씬 논리적이다(라고 주장하고 싶다).

이렇게 개념을 잡아가면 수학이 훨씬 간단해진다. 수학책을 읽는 것과 소설책을 읽는 것이 비슷한 의미가 된다. '아~ 주인공이 이래서 이런 거였어?'와 '아~ 이게 이래서 이렇게 풀리는 거야?'가 비슷한 문장이 된다. 처음부터 어려운 책을 읽으면 해독이 불가능하지만 쉬운 책부터 시작해서 난이도를 서서히 올리다 보면 어려운 책도 읽을 수 있게 되는 것처럼 수학도 스스로 해결할 수 있는 영역이 된다. 내 경우에는 고등학교 1학년까지 수학 수업을 들어본 적이 거의 없다. 학기 초에 일단 수학 교과서를 끝까지 풀어놓았으니까. 그러고는 수학 시간에 판타지 소설을 읽었지.

만약 이 글을 읽고 있는 분 중에 수학에 어려움을 겪는 사람이 있다면 아주 기초 단계로 돌아가서 천천히 올라가 보라고 권하고 싶다. 조급하게 생각하지 말고 초등학교 수준부터 해당 단계에서 요구하는 것을 충분히 익혔다는 느낌이 들 때까지 천천히 하나씩 느낌을 잡아나가다 보면 어느새 진도를 따라잡을 수 있게 될 것이다.

PS1. 수학을 공부할 때, 쉬운 것부터 한 단계씩 올라가야 하는 이유는 독서와 비슷하다. 수학은 학교에서 배우는 다른 과목들과 다르다. '지식'을 쌓는 것과 '공부'가 동일한 개념인 타 과목들에 비해 수학은 '사고하는 방법'에 익숙해져야 한다. 이게 다가 아니다. '사고하는 방법'에 익숙해진다는 의미는 '사고하는 능력'이 성장해야 한다는 말인데, 이 능력은 결국 '뇌의 발달'과 직접적으로 연관이 있다. 뇌가 아직 성장도 안 했는데 무식하게 지식과 방법론만 집어넣는다고 되는 게 아니라는 얘기다. 중1에게 정석으로 공부시키는 학원은 실제로는 그 학생을 망가뜨리는 짓이 아닐까. 물론 그걸 감당할 수 있는 천재들도 있긴 하겠지만.

PS2. 모든 사람이 수학을 쉽게 느낄 수 있는 건 아니다. 자폐스펙트럼을 가진 과학자 템플 그렌딘에 따르면 사람이 사고하는 방식은 크게 언어적 / 이미지적 / 패턴적(수학적), 이렇게 세 가지로 구분된다고 한다. 나는 언어적, 패턴적으로 사고할 수는 있지만 이미지적으로 사고하는 것이 거의 불가능하다. 동일한 이유에서 패턴적으로 사고하는 게 거의 불가능한 사람도 있을 것이다. 그럼에도 불구하고 중등 수학은 포기하기에는 너무 이르다. '수포자'가 발생한다면 그것은 학생의 문제가 아니라 수학을 가르치는 방법론의 문제이지 않을까.

# IV. 죽겠다!

독서 모임은 인연을 싣고

 어느 날 모녀로 보이는 손님이 들어왔다. 분위기상 딸이 책 좋아하는 엄마를 위해 기회를 만든 듯했다. 어머니는 '독립서점'이 뭔지 들어본 적도 없으신 듯하고. 그러다 출입구 옆 게시판을 본 딸이 엄마에게 말했다.
 "엄마, 여기 독서 모임도 한다. 엄마 책 좋아하잖아."
 그것이 N님과 '열다, 책방'의 첫 만남이었다.
 독서 모임을 신청하지 못하고 망설이는 사람에게 이유를 물으면 보통 책을 꾸준히 읽어야 한다는 부담감과 사람들 앞에서 내 수준이 드러날 것 같은 두려움을 꼽는다. 그래서 독서 모임에 등록하는 것은 쉽지 않은 일이고, 어떠한 사연이 없이는 용기를 내기 어려운 경우도 많다. 앞의 N님의 경우 직장에서 오래 근무하며 누구보다 열심히 살았지만 병이 찾아와 휴직과 복직을 반복하다 결국 은퇴를 결정했다고 하셨다. 열심히 일한 사람에게 은퇴는 당연히 축복받아야 할 일이지만 정작 당사자는 허전함과 불안함을 느낀다. 다행히 N님은 독서 모임 안에서 마음이 맞는 친구를 만나셨고 지금까지도 즐겁게 참여하고 계시다.

책을 함께 읽을 때 가장 중요한 능력은 무엇일까? 번뜩이는 지성과 화려한 입담? 다른 사람의 말을 끌어내는 리더십? 물론 있으면 좋겠지만 그보다 중요한 것은 함께 이야기 나누는 사람들을 향한 애정과 관심이다. 그런 의미에서 N님은 누구보다 모범적인 참가자다. 다른 사람이 말할 때는 그 사람과 계속 눈을 마주치며 귀를 기울이고 본인이 말할 때는 과장 없이 진솔하게 이야기하는 N님의 태도는 많은 사람들이 그녀를 좋아할 수밖에 없도록 만들었다.

독서 모임을 진행하다 보면 지원사격이 절실한 순간이 있다. 대화가 진행되면서 무언가 그림을 그려가고 있는데 용의 눈동자를 그려줄 단 한 마디가 필요한 순간. 그 순간에는 진행자가 끼어들 수가 없다. 참가자끼리 완성해가야 한다. 그런 순간마다 그분이 있었다. 그분의 첫 등장은 기억나지 않는다. 항상 구석 자리에 앉아 계셨고 목소리가 크지는 않지만 자신의 의견을 조목조목 이야기하셨다는 기억만이 어렴풋이 남아 있을 뿐. S님은 작은 키에 동글동글한 스타일로 부드럽게 대화를 끌어나가는 타입이다. 하지만 조곤조곤한 목소리와는 다르게 핵심을 날카롭게 찔러 들어오기도 하고, 다른 사람의 의견을 통해 한 단계 더 나아가는 지성을 지닌 분이기도 하다. 사실 다른 사람의 말을 그 자리에서 수용하고 자신의 의견을 보완하는 건 쉽지 않은 일이다. 보통은 다른 사람이 하는 말의 의미와 취지를 파악하지 못하고 자기 말만 하는 경우가 허다하다. 이 어려운 일을 해낸 S님을 독서 모임 리더로 눈독을 들이게 된 것은 당연한 일이었다. 아직도 기억에 남아있는 장면 중 하나는 논의의 진행 방향을 놓친 회원을 위해 그 사람의 자존심을 건드리지 않으면서, 마치 자신도 이제야 이해한 것처럼 자연스럽게 해설을 해주는 모습이다. 나중에 알게 되었지만 사실 S님은 논술학원 강사와 출판사 편집자 경력이 있으며 심리학을 공부한 적도 있는 재원이었다. 아니 이런 고급 인력이! 놓칠 수 없지. 그다지 지난하지 않은 설득 과정 끝에 2023년 3분기부터 S님은 세계문학 독서 모임을 맡아서 진행해 주고 계시다. 항상 정원이 가득 차서 정작 나는 들어가지 못하고 있지만 참가자들의 피드백을 들어보면 너무 잘 진행하고 계신 듯하다. 심지어 한 번도 들어본 적 없는 책이어도 S님이 추천한다면 읽어야지! 하는 사람들이 생길 정도다. 부럽다.

   S님과 함께 '열다 북클럽'을 든든히 지지[10]해주는 H님. 현재 한국문학 독서 모임의 리더를 맡고 있는 H님도 처음에는 참가자로 참석했다. 나 혼자 한 달에 발제문을 4개씩 쓰던 시절, S님처럼 구석진 자리에 앉아 조용히 이야기하던 H님은

---

10 지지하다 : 어떤 사람이나 단체 따위의 주의, 정책, 의견 따위에 찬동하여 이를 위하여 힘을 쓰다. 또는 무거운 물건을 받치거나 버티다.(네이버 사전) 둘 다의 의미다.

조금 더 섬세한 감성파였다. 사는 동네에 참석할 만한 독서 모임이 없다며 40분이나 지하철을 타고 '열다, 책방'까지 오는 H님은 주인공과 동고동락하며 소설에 푹 빠졌다가 나오는 스타일이었다. 나는 내가 갖지 못한 것을 가진 사람을 존경한다. H님의 감수성은 내가 절대 갖지 못할 그런 것이었다. 게다가 한 달에 20권은 가볍게 읽어내는 다독가에다가 수원의 한 책방에서 진행한 독립출판 프로젝트에 참여한 독립출판 작가이기도 했다. 여기 보석이 또 하나 있구만! H님의 성격이 다소 내향적인 편이라 모임 내내 대화를 이끌어야 하는 독서 모임 리더의 역할이 부담스러울 수도 있지 않을까 하는 우려도 조금 있기는 했다.

독서 모임 리더에게 가장 중요한 자질은 무엇일까? 좌중을 휘어잡는 말발? 참가자가 마음을 열게 하는 친화력? 모든 사람이 공평하게 이야기할 수 있게 하는 진행 능력? 물론 다 중요하지만 그 앞에 놓여있어야 하는 능력이 하나 있다. 바로 '잘 듣기'이다. 참자가의 말을 진심을 다해 듣는 것. 옳다 그르다 판단하는 것이 아닌 그 말에 충분히 공감하며 듣는 것. 잘 들어주기만 해도 말하는 사람은 원래 말하려던 것 이상으로 자신의 생각을 끌어낼 수 있다. 책과 사람을 대하는 H님의 진지한 모습은 독서 모임의 리더로서 부족함이 없었다. 물론 지금도 그 생각에는 변함이 없다.

처음에는 내가 인복이 많은 줄 알았다. 내가 운이 좋아서 좋은 사람들을 많이 만났다고 생각했다. 하지만 다시 생각해

보니, 내가 만난 사람들은 이미 능력과 열정을 갖고 있는 사람들이었다. 다만 드러나지 않았을 뿐. 나는 우연히, 정말 우연히 이들의 능력을 목도했을 뿐이었다. 이렇게 만난 사람들은 내가 세상을 보는 시야를 넓혀주었다. 누군가는 비웃을지도 모른다. 오피니언 리더도 인플루언서도 아닌 사람들이 뭐가 그리 대단하냐며. 하지만 그것은 거시적인 것만 보고 미시적인 것을 보지 못하고 하는 말이다. 정치인과 기업인, 인플루언서는 어쩌면 세상을 바꿀 수 있을지도 모른다. 하지만 나의 삶을 바꾸는 것은 바로 지금 내 눈앞에 있는 사람들이다. 이러한 작은 리더들이 많아질 때 우리가 사는 사회는 조금씩, 하지만 확실히 나아진다. '열다, 책방'뿐만 아니라 전국의 수많은 동네 책방을 통해 이런 작은 리더들이 더 많아지길, 그래서 우리의 세상이 조금씩 아름다워지기를 바란다.

만날 결심, 헤어질 결심

　책방지기는 무슨 기준으로 책을 들일까? 오픈을 준비하는 시기와 운영하는 시기에는 책을 입고하는 기준도 조금 달라지기 마련이다. 오픈을 준비할 때는 기본적인 물량을 확보해야 하니 말 그대로 '좋다는 책은 몽땅' 장바구니에 담았다. 당시에는 사업자 통장에 이체금액 제한(30만 원/일)이 있어서 대부분은 사업자카드 사용이 가능한 알라딘에서 구매하고 직거래가 가능한 출판사는 따로 리스트를 만들어서 하루에 30만 원어치씩 주문했다. 누구나 애정을 갖는 출판사가 있겠지만 나의 경우에는 건축 책을 꾸준히 내주는 몇 안 되는 출판사인 마티와 효형출판이 그 대상이었다. 특히 마티는 주문한 책이 절판되었다며 사무실에서 보관하고 있던 책을 선물로 보내주기도 했다. 사랑해요 마티!

   문제는 책이 어느 정도 들어온 뒤에 발생했다. 들이고 싶은(=만나고 싶은) 책은 꾸준히 늘어나는데, 책이 안 팔려?! 파는 책보다 사는 책이 더 많아?! 말했다시피 책의 마진은 20~30% 선이다. 에세이와 소설은 35%인 경우도 많긴 한데, '열다, 책방'은 에세이/소설의 비중이 높은 편이 아니다. 이 말은 오늘 책을 두 권 팔았는데 세 권을 주문했다면 이미 적자가 시작되었다는 뜻이다. 이성적으로 생각하면 두 권 팔았으면 두 권만 주문해야 한다. 하지만 팔린 책도 채워 넣고 새로운 책도 들이고 싶은걸. 비록 오늘 팔린 책은 두 권이지만 오늘 소식을 접한 책은 다섯 권인걸. 참고 또 참아서 세 권만 들이는데 이 정도는 봐주자 하면서 책방의 책은 조금씩 늘어나게 된다. 그렇게 1,200권으로 시작한 '열다, 책방'은 어느새 2,000권을 돌파했다. 그 이후로는 책의 수량을 세는 것을 포기했다. 지금은 더 많을걸? 후후.

   만남이 있으면 이별도 있는 법. 책방과 책의 이별은 곧 독자와 책의 만남을 의미한다.('열다, 책방'은 파본이거나 배송 중 파손을 제외하고 반품을 하지 않는다) 그것은 곧 매출이기도 하니 당연히 기쁜 마음으로 책을 보내줘야 하지만 가끔 보내기 싫을 때도 있다. 책방지기라면 누구나 안 팔릴 것을 알면서도 들이는 책이 있기 마련이다. 책방의 아이덴티티일 수도 책방지기가 읽고 싶었던 책일 수도 있지만 하여간 '아무도 안 사겠지'라고 생각하고 책장 구석에 방치해 둔 바로 그 책을 뽑아오는 손님을 만나면 당황하게 된다.

"어, 그거 사시게요?"

"어… 안 돼요?"

"되죠. 되죠."

애써 웃으며 바코드를 찍지만 손이 떨리는 것은 막을 수 없다. 왜 이 책을? 이건 내 건데! 내 거라는 표현에는 한 치의 과장도 없다. 다 내가 돈 주고 사 온 책들이니까. 팔려고 사 온 거긴 하지만. "이 책을 고르시다니 보는 눈이 있으시군요!" 하며 너스레를 떨어보지만 입맛이 쓴 것은 어쩔 수 없다. 손님이 간 뒤 그 책을 다시 검색해봤는데 절판으로 뜨면 눈가가 촉촉해진다. 내 책장으로 옮겨놓을걸….

하루종일 한 마디도 하지 않는 날

그런 날이 있다. 아침에 일어났을 때부터 경추 5번과 6번 사이가 싸한 날. 애써 모르는 척 무시하고 괜히 더 바지런을 떨면서 책방 오픈 준비를 하지만 결국 문을 닫을 때까지 단 한 명의 방문객도 오지 않는, 그런 날.

어릴 적 내가 만난 서점들은 대부분 1층에 있었다. 하지만 더 이상 책방이 오가며 들르는 곳이 아니게 된 시대에 굳이 비싼 1층에 들어갈 필요가 있나 하는 생각에 현 위치를 선택하기는 했다. 지금도 그 결정이 틀렸다고 생각하지는 않는다. 하지만 책방이 3층에 위치함으로써 느끼게 될 경험 중에는 예측하지 못한 것들도 많았다.

오픈하기 전 다른 책방지기들에게 들었던 슬픈 경험 중에

'사람은 많이 오는데 책을 안 사가'가 있다. 한 책방은 하루에 방문객은 100팀이 넘게 오고 가는데 하루 매출이 10만 원인 적도 있다고 했다. 책 한 권이 보통 1.5만 원쯤 하니까 6~7권 판 셈이다. 다른 책방은 1층에 있어도 사람이 안 온다고 했다.

"너는 3층에 있으니 밖에 사람이 있는지 없는지 알 수 없잖아. 그러면 오늘은 추워서 사람이 없는가 보다 라고 눈 가리고 아웅이라도 하지. 우리 책방은 1층이라 밖에 사람들이 계속 지나다니는 게 눈에 뻔히 보이는데 아무도 들어오지를 않아."

"어… 그래요?"

"그뿐인 줄 알아? 어떤 사람은 문 열고 고개만 빼꼼 내밀고서는, 여기 카페냐고 하길래 서점이라고 했더니 뒤도 돌아보지 않고 가더라."

"어… 진짜요??"

"지난번엔 누가 들어오지도 않고 유리에 얼굴 붙이고 안에 구경하고 있던데. 그건 기분 진짜 별로였어."

"어… 누나 힘내요."

독자들도 이제는 다들 아시겠지만, '열다, 책방'은 상가건물 3층에 위치한다. 작은 건물임에도 한 층에 3개 실로 구획되어 있는데 그중에서도 구석에 있어서 엘리베이터에서 나와 화장실 방향으로 돌아야 간판이 간신히 보인다. 실제로 지인 중 한 명은 엘리베이터에서 내려서 전화를 한 적이 있다. 책방 어디에 있냐고. 친구야 우향우 두 번만 하렴.

층수만 불리한가 하면 그렇지도 않다. 내 작고 소중한 책방이 위치한 '영창빌딩'은 자동차가 다니는 왕복 2차선 도로와 사람만 다닐 수 있는 보행자 전용도로가 교차하는 모서리에 있다. 그런데 건물의 출입구가 자동차용 도로가 아니라 보행자 전용도로로 꺾어 들어와야만 보이는 자리에 있어서 1층 출입구를 찾기도 어렵다. 아마도 임대료가 비싼 도로변 1층의 월세를 극대화하기 위한 전략이었겠지. 문제는 옆 건물도 옆옆 건물도 차도 쪽으로 출입구를 내었기 때문에 출입구가 꺾어진 안쪽에 있으리라 예측하기가 쉽지 않다는 것이다. '열다, 책방'에 처음 방문하는 사람은 최소 3분, 길게는 20분을 헤매는 경우도 있다. 와우! 헤매지 않고 온 당신, 길 찾기에 재능이 있으시군요.

3층에 있는 책방의 방문객 70%는 책을 구입한다. 거꾸로 말하자면 정말 책을 살 생각이 있는 사람이 아니면 애초에 오지 않는다는 뜻이 된다. 그런 '열다, 책방'에게 '0권 데이'란 곧 '방문객 0명의 날'과 동의어이다. 오전부터 부산을 떨며 출근해서 환기하고 청소기를 돌리고 먼지를 털고 제빙기에 전원을 넣고 커피 머신을 청소하지만 방문객은 0명이다. "문제집은 안 파나요?" 하면서 누가 한 번쯤 문은 열어볼 법 하지만, 오지 않는다.

그럴 때는 긴급하게 셀프 멘탈 케어모드로 들어간다. "이 정도는 내 예상 범위 이내다. 내가 책방 책을 몇 권이나 읽었다고 생각하는 것이냐. 하하하"라고 외치며 일단 다음 주 책모임에서 다룰 책을 읽는다. 하지만 나의 독서 체력은 60분.

체력이 고갈되면 서가 앞을 서성이기 시작한다. 큐레이션을 바꿔볼까. 어떻게 세팅하면 재밌을까. 어차피 사는 사람은 거의 없지만. 그렇게 서가를 뒤적거리다 심리학 코너에서 한 권, 에세이에서 한 권, 사회과학에서 한 권을 꺼내서 평대에 올려놓고 이렇게 저렇게 배치하고 제목까지 달아봐도… 아무도 오지 않아?!

좋아, 그렇다면 인스타 타임이군. 책방 초기에는 인스타 피드를 올리는 원칙도 없었다. 책방 사진 찍고 싶으면 찍어서 올리고 공지 올리고 싶으면 만들어서 올리고. 그러다가 책 소개 사진과 다른 피드들을 구분해서 나름의 '톤 앤 매너'를 만든 것이 만 3개월이 지나서였다. 이렇게 저렇게 꾸려서 올리고 나서도 아무도 오지 않아?! 그렇다면 물을 올리고 커피를 타서 (맥심 슈프림 골드 커피믹스. 난 비싼 남자니까) 다시 책을 펼친다. 다시 서가 앞을 서성인다. 물티슈로 서가를 닦는다. 그렇게 하루가 지나간다.

꼭 그런 건 아니지만 많은 책방이 1인 체제로 운영된다. 2명 이상이 투입될 경우 인건비를 감당하기 어렵기 때문이다. 위와 같은 날은 정말 말을 한 마디도 하지 않게 된다. 심지어 스스로 말을 하지 못했다는 사실조차 모르고 있다가 퇴근길 어머니의 전화에 갈라지는 목소리로 대답하는 내 목소리에 놀라 뒤늦게 깨닫는 경우도 있다. 그럴 때는 사레가 들린 척 크게 기침을 한 뒤 조금 더 밝은 목소리로 전화를 받는다. 때론 알릴 필요 없는 일도 있는 법이니까.

너, 내 동료가 되어라

　때론 별거 아니었던 안부 전화가 일이 되기도 한다.(물론 일이 커지게 만드는 범인은 거의 나다) 시흥의 독립서점 〈백투더북샵〉과 시시콜콜한 이야기로 통화를 하던 중 마케팅을 도대체 어떻게 해야 하는 건지 모르겠다는 이야기가 나왔다. 물론 나도 모른다. 둘이 계속 모른다, 모른다 얘기하다가 문득 생각이 들었다. '공부하면 되잖아?' 책 좋아하는 사람의 공통점이 있다. 궁금한 게 생기면 일단 책부터 들여다본다는 점이다. 문제는? 책 말고 다른 방법을 모른다.
　이왕이면 여럿이 하면 더 좋겠다는 생각이 들어 평소에 알고 지내던 책방들에 연락을 돌렸다. 같이 공부하자고 하니 다들 좋다고 했다. 단톡방을 만들어 어떻게 운영할지 이야기를 나누는데 〈책방 건집〉의 주인장 타토가 제안을 하나 했다. 1인 출판사도 함께 하자는 거였다. 음. 책방의 입장과 출판사의 입장은 좀 다르지 않을까? 싶으면서도 시너지가 날 수도 있겠다는 생각이 들었다. 콜을 외치고 추가 멤버를 이야기하던 도중 타토가 다시 한 번 제안했다. 부천에 있는 책방도 함께하면 좋을 것 같다는 의견이었다. 안 될 것 없겠다는 생각이 들어 다시 한 번 콜을 외쳤다. 2023년 4월 1일 부천의 〈빛나는 친구들〉에서 창단 멤버 5명이 모였다.

책방은 소상공인이자 1인 기업이다. 이 말은 곧 경영, 재무, 홍보, 물자 관리, 고객 관리를 혼자 다 해야 한다는 뜻이다. 하지만 책방을 열기 전 미리 공부할 수 있는 기회는 거의 없다. 기껏해야 서점 학교라는 이름으로 온라인에서 6~8회차, 그나마도 사례 중심으로 강의를 들은 것이 전부이다. 책은 어디서 떼어 올 수 있는지 브랜딩은 어떻게 해야 하는지 시청이나 도서관을 상대로 어떤 협의를 할 수 있는지 책방지기로서의 전문성은 어떻게 확보할 수 있는지 알려주는 사람이 없다. 없으니 별수 있나. 알아서 공부해야지.

함께 공부한 첫 책은 모종린 교수의 『머물고 싶은 동네가 뜬다』였다. 로컬 경제학을 이야기하는 사람은 종종 있지만 구체적인 사례와 함께 이론화를 시도한 몇 안 되는 책 중 하나다. 책방에 직접 적용하기에는 스케일이 조금 큰 느낌이 있지만 책방이 로컬을 기반으로 해야 한다는 것을 알 수 있었다. 그 외에도 『경험을 선물합니다』, 『내가 가진 것을 세상이 원하게 하라』, 『콘테이저스』, 『나는 매일 서점에 간다』 등 현실적인 도움을 받을 수 있는 책을 함께 읽고 이야기를 나누고 있다. 물론 이렇게 공부하는 것도 도움이 많이 되기는 하는데, 예상치 못했던 진짜 알짜배기는 '단톡방' 그 자체였다! 일하다 보면 이게 맞는 건지 이럴 땐 어떻게 해야 하는지 난감할 때가 많았는데, 물어볼 곳이 생긴 것이다. 특히 서점경영 8년 차에 걸맞은 아우라를 품은 계양구의 〈책방 산책〉 대표님은 매력적인 허스키 보이스로 까마득한 후배들을 품어주셨다.

이렇게 2023년 한 해를 공부하며 보냈다면 2024년에 들어서며 좀 더 큰 꿈을 꾸게 되었다. 정확하게는 큰 꿈을 꾸어야만 하는 상황이 되었다. 1990년대의 서점은 큰 버스정류장 근처에 있고 사람들이 수시로 드나드는 곳이었다. 하지만 지금은 특별한 일이 있어야 가는 곳이 되었다. 이벤트가 없으면 아무도 관심을 주지 않는다. 이러한 공감대를 갖고 멤버들과 다양한 재미난 일을 만들어보려 작당 모의가 진행 중이다. 이것저것 하고 싶은 건 많지만 다 할 수는 없고. 일단 소소한 일부터 만들어보려고 한다. 그 첫 단계는 우리만의 북페어! 과연 될 것인가.

기억에 남는 손님들

 현암사에서 나온 『그런 책은 없는데요』(젠 캠벨 저, 2018)라는 책이 있다. 영국의 고서점에서 일해 본 저자가 서점을 찾아온 엉뚱한 손님들의 이야기를 들려주는 책인데 저자 본인은 열받아서 썼을지 몰라도 진상의 천국 헬조선에서는 훗, 귀엽네 정도? 대한민국 소상공인의 고충 1순위는 '진상'이다. 물론 90%의 고객은 매우 교양 있고 상식적이며 타인에게 피해를 주지 않으려고 조심하지만 남은 10%가 그 모든 긍정 에너지를 빼앗아 가는 진상이 된다. 특히 카페에서 들려오는 진상 고객의 이야기들은 무서울 정도이다. 이런 면에서 '서점'은 매우 안온하다. 애초에 책을 어지간히 좋아하지 않으면 구석진 3층 책방을 찾아오지 않는다. 진상 고객의 이야기에 더 흥미가 갈 수도 있겠지만 내가 만난 손님들은 모두 사랑스럽고 아름다운 사람들뿐이었다.

2022년 한 초등학교 선생님의 제안으로 책방에서 '북토큰' 행사를 진행하게 되었다. 매년 문화관광부와 교육부의 협업으로 초·중·고등학교에 책을 살 수 있는 북토큰 상품권을 배포하는데 아이들이 책방을 둘러보는 경험을 하게 해주고 싶다는 제안이었다. 책방에 부담되지 않게 하루에 한 반씩 한 시간 정도 머물다 가겠다 하시기에 얼른 콜을 외쳤다. 두 학년 총 여덟 반, 약 160명의 어린이들이 2주에 걸쳐 책방을 방문했고 책방 여기저기 털썩 앉고 누워 책을 읽는 모습은 무척 귀여웠다. 놀라운 일은 며칠 뒤 벌어졌다. 북토큰 행사를 통해 '열다, 책방'을 알게 된 6학년 어린이 손님이 며칠 뒤 두 살쯤 어려 보이는 동생의 손을 잡고 책방을 재방문한 것이다. 책방 입구에서 깍듯하게 인사를 하더니(안녕하세요) 어린이 서가로 가서 동생과 책을 각자 고른 뒤(15분쯤 걸렸다) 엄마 카드로 결제하고 다시 깍듯하게 인사를 하고(안녕히 계세요) 갔다. 일련의 과정을 씩씩하게 수행하는 어린이들의 똘똘한 모습도 귀여웠지만 두 어린이가 어른의 지도 없이 스스로 원하는 책을 고르는 모습은 약간의 충격을 안겨주었다. 무의식적으로 (어른에 대비하여) '아이'라고 부르는 어린 독자들에게도 이미 자신의 취향이 형성되어 있고 스스로의 힘으로 책을 고를 수 있다는 사실을 알게 되었다. 자신만의 취향을 구축하기 위해 이들이 어떤 책을 읽어왔을까, 자녀의 눈을 믿고 둘만 책방에서 책을 구매하게 하는 부모님은 어떤 분들이실까. 감동과 함께 많은 생각을 하게 해준 꼬마 고객님들이었다. 종종 학부모님들에게 "아이에게 무슨 책을 읽히면 좋을까요" 하는 질문을 받는데, 여기에 대답할 말을 찾은 기분이었다.

"자녀들이 어떤 책을 좋아하나요?"

    서점은 단골에 대한 문턱이 참 낮다. 그럴 수밖에 없는 게 커피는 어제 마셔도 오늘도 마실 수 있고 아침에 아메리카노를 마시고도 저녁에 헤이즐넛 라테를 마실 수도 있지만, 책은 어제 한 권 해치우고 오늘 한 권 더 살 수가 없다!(되는 사람이 가끔 있긴 하다) 그러다 보니 대략 1~2개월에 한 번씩만 서점에 방문해도 책방지기에게는 소중한 단골이 된다. '열다, 책방'에도 그런 분이 계시다. 희끗희끗한 스포츠머리에 인자한 얼굴, 50대 정도 되어 보이는 남성분인 마 선생님은 첫 책으로 안리타 작가의 에세이를 사 가셨다. 안리타 작가의 감성과 50대 남성의 조합을 한 번도 생각해본 적이 없었던 터라 괜찮으실까 걱정이 되었지만 2주 뒤 다시 오셔서 안리타 작가의 책을 또 사 가셨다. 그렇게 입고된 5종의 안리타 에세이를 2~4주 간격으로 한 권씩 모두 구입하시고는 독립출판과 기성출판을 넘나들며 책을 구입하기 시작하셨다. 가끔 '최근에 이 책 읽었는데 괜찮더라'라는 말을 하면 둘러보던 서가를 내팽개치고 "책방지기님이 추천하는 책이라면 사야죠."라며 성큼 그 책을 구입하셨다. 요즘은 바쁘신지 1~2개월에 한 번씩 들러서 대략 40분 정도 서가를 꼼꼼히 둘러본 뒤 한 권의 책을 골라 카운터로 오시는데, 마음에 든 책을 발견한 듯 환한 표정으로 계산하러 오시는 마 선생님의 얼굴을 보며 결심했다. 저 얼굴에 그늘지면 난 책방지기로서 자격이 없는 거야. 그땐 책방 접는 거지.

치링-
책방 문에 달아놓은 풍경이 울리면 손님이 들어온다. 그리고 그 손님이 젊은, 아니 어린 남학생이라면 90%의 확률로 결과를 예측할 수 있다.
"혹시… 여기 문제집은 안 파나요?"
인근에 문제집을 파는 중형 서점이 있지만 '열다, 책방'에 비해 마감 시간이 일러서 밤늦게 오는 학생들은 문제집을 찾는 경우가 종종 있다. 그나마도 저렇게 입구에서 물어보는 친구들은 용감한 편이다. 혼자 스윽 들어와서는 눈도 안 마주치고 책방을 스윽 한 바퀴 돌고서는 말없이 스윽 나가는 학생도 있고 문밖에서부터 티격태격 싸우더니 문제집이 없는 걸 확인하고는 자기가 없을 것 같다고 하지 않았냐며 너 때문이라며 소곤소곤(!!) 싸우며 나가는 남학생 무리도 있다. 말로 들으면 귀엽겠지만, 실제로 보면 엄청 귀엽다. 하지만 가끔 정말 의외의 친구들도 있는데, "혹시 『차라투스트라는 이렇게 말했다』 있나요?" 남학생 4명 무리 중 한 친구가 이렇게 물어온 것이다! 아쉽게도 그 책이 없어서 철학 책 코너에서 다른 니체의 책들을 꺼내서 보여줬는데 그 친구가 최종적으로 고른 책은 니체의 『도덕의 계보』였다. 수준 높은 책을 읽네요 라는 말에 제가 취향이 독특하다는 말을 많이 들어요 라고 수줍게 이야기하던 모습이 잊히지 않는다. 근데 저거 내가 읽고 싶어서 들여놓은 거였는데… 내 건데….

아이 해브 어 드림, 흑자

 어느 책방지기가 책에서 이런 이야기를 했다. '지속 가능한 적자'를 만들고 싶다고. 그게 무슨 말일까? 적자인데 지속 가능하다고? 적자는 지속 가능하지 않다. 이건 (아마) 일곱 살배기도 아는 경제의 기초 중의 기초다. 지속 가능하려면 돈을 벌어야 한다. 매출 금액이 중요한 것이 아니라 최종적으로 남은 이익이 생활비 이상이 되어야 한다. 하나의 업으로 생활할 만큼의 돈이 벌리지 않는다면 투잡을 하든 쓰리잡을 하든 먹고 살 돈을 벌어야 한다.
 돈이 벌리지 않는데 책방을 어떻게 운영해? 라고 물으신다면? 답해드리는 것이 인지상정. 내 경우에는 '퇴직금'이다. 회사 생활 11년은 크진 않지만 책방을 열고도 조금 버틸 수 있을 만큼의 퇴직금을 남겨주었고 조금씩 퇴직금을 까먹으며 살고 있다. 즉, 적자다.

사실상 서점 운영은 '열정페이'에 가깝다. 독서 인구는 날이 갈수록 줄어가는데 책값은 물가 상승이니 뭐니 하며 쉬지 않고 올라간다. 비싸다고 느껴지니 책을 구입하는 사람은 점점 더 줄어가고 회사 운영을 위한 마진을 내야 하는 출판사는 책값을 다시 올린다. 중간에 낀 서점은 이도 저도 선택할 수 없다. 책방의 마진은 거의 정해져 있고 관련 법규에서 정한 할인 폭도 적용하기에 부담스럽다. 책 열심히 팔아봐도 월세도 못 내는 경우가 허다하며 본인의 인건비를 못 챙겨가는 경우는 더더욱 많다. 책방을 열며 '그래도 어떻게든 되겠지'라고 생각하며 나름의 최선을 다하지만 첫 계약기간이 끝나는 2년이 되어갈 때까지 상황은 나아지지 않고 결국 재계약을 포기하는 경우가 많다(고 한다). 가진 돈을 다 쓸 때까지 버티다가 돈이 떨어지면 다른 일을 찾아야 하는 상황이 되고 만다.

그렇다면, 책방은 어떻게 해야 돈을 벌 수 있을까? 책방을 2년 정도 운영하며 다른 사례들을 꾸준히 들여다보았지만, 책방이 잘 되는 법칙은 찾지 못했다. 하지만 책방을 열기 전 고민해야 할 이슈 몇 가지는 찾을 수 있었다.

제일 먼저, 열기 전에 고민을 많이 해야 한다. 열고 나면 늦는다. 왜냐하면 책방은 장소성을 지니는 오프라인 공간이기 때문이다. 장소에 따라 할 수 있는 것과 할 수 없는 것이 갈린다. '열다, 책방'의 경우 반경 2km에 걸쳐 전형적인 4인 가족을 상정한 아파트 단지에 둘러싸여 있으며 가장 가까운 지하철과도 1km 정도 떨어져 있다. 이 경우 대학생이나 젊은 직장인보다는 4050세대를 위한 프로그램을 우선하게 된다. 독립출판물의 매출도 한계가 생긴다. 내가 무엇을 할 수 있고, 하고 싶은지 전반적인 그림을 그려보고 그것에 맞는 장소를 찾는 것이 필요하다.

 특히, 소비자가 원하는 것이 무엇인지에 대한 고민이 필요하다. 서점도 소상공인이다. 상품을 팔아서 돈을 벌어야 하는 사람이라는 뜻이다. 그렇다면 무엇을 제공했을 때 소비자들이 기쁘게 지갑을 열까? 수많은 마케팅 도서들은 '소비자들은 경험을 원한다'라고 말한다. 그렇다면 서점을 찾는 소비자들은 어떤 경험을 원할까. 경험상 가장 강력한 키워드는 '휴식'과 '힐링'인 듯하다. 그래서 많은 서점들이 커피를 함께 판매하고 있다. 정확하게는 공간을 일정 시간 점유할 수 있는 권리를 파는 것이다. 혁신적인 서점으로 자주 언급되는 CCC의 T-site의 주력상품은 책도 아니고 책과 함께 큐레이션된 굿즈도 아닌, 공간이다. 세 개 동으로 이루어져 있는 T-site 공간 중 도서나 굿즈 판매로 쓰이는 공간은 반이 채 되지 않는다. 그보다는 워크플레이스로서, 또는 카페로서 기능하는 공간의 면적이 훨씬 크다. 매출도 그쪽이 더 클 가능성이 높다. 소비자의 니즈에 꼭 맞춰가야만 하는 것은 아니다. 하지만 대중적인 니즈와 분리된 운영을 하려면 그 격차를 뛰어넘을 무언가가 필요하지 않을까?

그래서 명확한 콘셉트와 캐릭터에 대한 고민이 필요하다. '좋은 책을 갖다 놓으면 괜찮지 않을까?', '독립출판물이 있으니까 괜찮지 않을까?'. 괜찮지 않다. 내가 다녀본 인천의 책방 중 콘셉트와 캐릭터가 가장 명료한 곳은 동인천역 인근에 있는 〈문학소매점〉이다. 문학소매점은 한국문학, 그중에서도 소설에 집중한다. 일본 조계지에 위치하기 때문에 외관도 한국 근대문학의 배경에 딱 맞는 분위기이고 내부 인테리어도 이전 상점(식당이 있었다고 한다)을 이어받았지만 매우 자연스럽다. 인근에 관광지(차이나타운)가 있어서 젊은 층이 꾸준히 오가기 때문에 한국소설을 메인으로 하며 시집과 독립출판물로 보조하는 구성의 설득력이 강력하다. 거기에 책방지기 본인의 캐릭터도 강렬하여 '입지 - 내외관 디자인 - 채워놓은 콘텐츠(책) - 책방지기'의 조합이 일관성 있는 이미지를 창출해낸다. 정작 책방지기 본인은 아무런 계획 없이 서점을 열었다고 말하지만.

마지막으로 고정비를 필사적으로 줄여야 한다. 책의 원가 비율은 최저가 65%, 최대가 80%까지 간다. 음식점의 원가 구성은 재료비 30%, 고정비(월세, 인건비 포함) 40%, 이윤 30% 정도 된다는 말을 들은 적이 있는데 서점은 재료비에서 70%를 잡고 가야 한다는 뜻이다.(경험상 납품은 80%로 본다) 설령 한 달 매출이 1,000만 원에 달하더라도 남는 돈은 200~300만 원에 불과하고 여기서 가게 월세, 전기 요금 등 고정 비용을 내고도 돈이 남아야 생활비로 가져갈 수 있다.

참고로 중앙생활보장위원회에서 의결한 2024년 4인 가족 기본생계비는 343만 원이다.

이런 기준을 놓고 보면 '열다, 책방'도 망하기 딱 좋은 구조다. 고정비도 적지 않고 책 말고는 딱히 파는 게 없다. 캐릭터라고 해봐야 독서 모임이 전부인데 수익은커녕 까먹지나 않으면 다행인 상황이다. 과연 '열다, 책방'은 흑자를 만들 수 있을까? 작가보다는 유튜버가, 학자보다는 연예인이 아이들의 꿈인 세상 속에서? 정답은 없다. 한 가지 희망적인 소식은 퇴직금 까먹는 속도가 작년보다는 조금 느려졌다는 정도? 그나마도 도서관 납품이 없었다면 이마저도 어려웠을 것이다. 그래도 나는 믿는다. 책 읽는(사는) 사람이 다시 늘어날 수 있다고. 다양한 책을 알리고, 책을 즐기는 방법을 소개하고, 책과의 만남을 주선하다 보면 책을 사랑하는 사람이 늘어날 것이라고. 그러다 보면 언젠가는 책방에서 1인분의 월급이 나오는 날이 오지 않을까?

대답하기 곤란한 질문들

 직업을 물을 때 '책방지기'라고 대답하면 거의 항상 주목의 대상이 된다. 책방지기가 돈 못 버는 거 동네방네 다 소문이 난 모양이다. 자주 듣는 질문 10개를 정리해 봤다.

Q1. 책 많이 좋아했나 봐요~
A1. 평서문을 가장한 질문이군. 어릴 때 나름 책을 좋아하긴 했지만 책벌레 수준은 아니었다. 〈열다지기 무물〉에도 나오지만 어릴 때는 과학 앨범, 청소년 시기에는 일본 만화와 판타지에 빠져 살았다. 대학생이 된 이후로 직장인 시절까지 매년 20권 정도는 읽었으니 많이 읽었다기보다는 꾸준히 읽었다고 해야 하지 않을까.

Q2. 왜 인천에 열었어요? 인천 출신이에요?
A2. 인천에는 2010년 12월 취직하며 처음 왔다. 책방을 2022년 4월에 열었는데 중간에 서울에서 생활한 기간이 있어서 인천에서는 10년 정도 산 셈이다. 어차피 새로 시작하는 일, 어디에서 하든 마찬가지겠지만 그래도 익숙한 곳에서 하는 게 낫겠지 싶었다.

Q3. 손님은 좀 있어요?
A3. 없다. 외롭다. 책방으로 가서 책방지기에게 말을 걸면 왜 그들이 항상 친절했는지 몸으로 깨달았다. 사람이랑 대화하는 것 자체가 즐거워져.

Q4. 돈은 좀 벌어요?
A4. 왜 다들 책방지기의 벌이에 관심이 많은지 모르겠다. 책방지기들이 쓴 책을 보면 항상 빠지지 않고 나오는 질문이고 나도 많이 들은 질문이다. 책방지기들 돈 못 버는 거 소문이 다 나서 그런가 보다. 결론만 말하자면 2023년 총결산을 해보니 최저임금 절반 정도 벌었다.(생활비 쓴 거 반영하면 마이너스다) 그마저도 도서관 납품이 아니었으면…. 책방 오픈을 생각하고 있다면 예정하고 있는 동네의 납품 현황을 확인해보고 시작하는 것을 추천.

Q5. 월세는 얼마나 해요?
　　월세가 비싸도 목 좋은 곳이 낫겠죠?
A5. 목이 좋아도 손님은 오지 않… 쿨럭…. 당연한 얘기지만 유동인구가 많은 곳은 월세가 비싸다. 하지만 '유동 인구가 많다 = 책방 손님이 많다'가 아니라는 게 문제다. 젊은 커플이 많이 오가는 길목이고 주변 분위기가 잘 조성되어 있다면 방문객은 많다. 주로 관광지 주변 책방에서 이런 모습을 볼 수 있는데 방문객이 곧 손님은 아니라는 게 함정. 그런 특수한 상황이 아니라면 60만 원 이상의 월세는 책 팔아서 감당하기 어렵지 않을까. 물론 커피나 다른 것들로 매출을 보완할 전략이 있다면 얘기는 달라질 수 있겠다.

Q6. 책방지기면 평소에 책 많이 읽고 좋겠네~
A6. 음… 비꼬는 건가? 그런데 난 정말로 책 많이 읽어서 좋다. 회사 다닐 때도 전문성 향상을 위해서라기보다는 지적 호기심을 채우기 위한 책(=인생에 그다지 도움 되지 않는 책)을 주로 읽어서 뭔가 양심 한편에 찔림이 있었는데 이제는 어떤 책을 읽든 다 업무인 거다! 예전엔 일 년에 20권 읽는 정도였는데 책방을 열고 난 후에는 한 달에 20권을 읽는 경우도 있다. 물론 100페이지짜리 소식지까지 포함한 숫자기는 하지만. 이거 아니었으면 책방 진작에 때려치웠을 듯.

Q7. 유튜브는 안 해요?
A7. 의외로 많이 듣는 얘긴데 안 한다. 아니, 못 한다. 엄두가 안 난다. 영상을 기획하고 찍는 것도 부담스럽지만 편집에 어마어마한 시간이 들어간다는 얘기를 하도 많이 들어서 시작을 못 하겠다. 지금도 뻑 하면 이런저런 잡무만 하다가 책은 한 쪽도 못 읽고 집에 가는 날이 많은데 동영상까지 만들었다간 내 일이 책방지기인지 유튜버인지 구분을 못 하게 될 것 같다. 외주를 주면 되지 않냐고? 외주비는 누구 주머니에서 나오나요?

Q8. 책방 열 때 가장 힘들었던 건 뭐였어요?
A8. 책방을 준비하면서 힘들었던 건 딱히 없었다. 코로나 한 번 걸리기는 했다. 그런데 진짜 하루 종일 혼자 책방에 틀어박혀서 바닥재 붙이고 전구 갈고 했는데 어디서 코로나에 걸렸던 거지? 하여간 바닥 뜯다가 현타 와서 소리 몇 번 지르고 바닥재 붙이면서 본드 냄새 때문에 헛구역질 몇 번 하고 전기선 자르다가 합선되는 바람에 장갑이 홀라당 녹아버리는 순간이 있기는 했지만, 전반적으로는 재미있었다. 사업자등록 같은 행정업무도 생각보다 어렵진 않다. 요즘은 네이버에게 물어보면 고수들이 많다.

Q9. 책방지기에게 가장 필요한 자질은 무엇일까요?
A9. 욕심이 없는 거? 돈이 안 벌리니(구조적으로 책방은 돈 벌

기에 글렀다) 물욕은 당연히 없어야 하고 매일 같은 시간에 문을 열고 닫아야 하니 여행도 언감생심이다. 밥 먹으러 멀리 다녀올 수도 없어서 맛집 좋아하는 사람에게는 힘들지도?
그다음으로는 '사람을 좋아할 것'이 아닐까. 결국 책은 사람에게 읽혀야 한다. 이 사람은 어떤 책을 좋아할까 저 사람에게는 어떤 책이 좋을까 하는 생각이 즐겁게 느껴져야 하지 않을까. 마지막이 '책을 좋아할 것'일 것 같다. 어차피 하루 종일 만나는 사람은 극소수이고 책은 항상 내 주변에 있으니 얘네랑 친하게 지내야지.

Q10. 책방 창업 추천해요?
A10. 안 한다. 근데 하지 말래도 당신은 할 거잖아?

좋아하는 게 일이 되면 더 힘들다던데

 십대 후반 정도 되어 보이는 청소년이 아버지와 함께 책방을 방문했다. 일단 눈길은 아버지 쪽에 갔다. 레인코트에 페도라 모자를 쓰고 오셨거든. 범상치 않은 패션과 어울리게 시집만 세 권 고르셨다. 딸 쪽은 잘 기억나지 않지만 독립출판물을 한 권 골랐던 것 같다. 결제를 마치고 부녀가 함께 나갔는데 1분도 안 되어 딸이 다시 책방으로 들어와서는 물었다.
 "좋아하는 게 일이 되면 더 힘들다던데 괜찮으신가요?"
 며칠 뒤, 문헌정보학을 공부한다는 대학생이 '열다, 책방'으로 인터뷰를 하러 왔다. 노트에 빼곡히 적힌 질문에 하나하나 답을 하다 약속된 시간이 끝날 때쯤 인터뷰어가 물었다.
 "좋아하는 게 일이 되면 더 힘들다던데 괜찮으신가요?"

나는 취미가 없는 사람이다. 게임은 중학교 때 PC방에서 절친의 '6드론 저글링러시'에 당한 뒤로 스스로에게 재능이 없음을 깨달았다. 볼링과 댄스스포츠를 한 학기 동안 교양수업으로 들었지만 학기가 끝날 때까지 왼발과 오른발이 나가는 순서를 파악하지 못했고 회사 선배들과 함께 간 당구장에서는 당구공이 큐대를 튕겨내는 기적을 보여주기도 했다. 골프도 마찬가지. 왜 프로님이 볼 때는 제대로 날아가다가 프로님이 사라지면 공의 궤적도 사라지는지. 산은 내려올 거 왜 올라가는지 러닝은 어차피 제자리로 돌아올 거 왜 뛰어가는지 공감하기 힘든 사람이다.

그런 내게 항상 같은 자리에서 즐거움을 준 것은 '책'이었다. 왕복 세 시간의 통학 시간을 버틸 수 있게 해준 것도, 현실이 너무 싫어 외면하고 싶을 때 도망칠 자리를 만들어준 것도, 자존감이 바닥을 칠 때 그래도 나는 미래를 향해 나아가고 있다고 스스로를 위로할 수 있게 만들어 준 것도 항상 책이었다. 어떤 면에서는 '책을 읽는 나의 모습'이었다고 말할 수도 있겠다. 그렇게 간신히 책으로 채운 자존감이 바닥나서 감당할 수 없게 되었을 때 나는 퇴사를 하고 책방을 열었다. 책방을 준비하며 그리고 책방을 운영하며 읽은 책의 권수는 이십대 이후 읽은 책의 전체 양과 비슷할 정도다.

확실히 책방을 열고 나서는 읽는 책의 성격이 이전과는 완전히 달라졌다. 예전에는 흥미가 생기는 대로 손 가는 대로 읽었다면 지금은 '읽어야 하는 책'만 읽어도 하루의 독서 용량을 꽉꽉 채우고도 넘친다. 독서 모임을 진행하기 위한 책도 읽어야 하고 부족한 전문성을 채우기 위해 책과 책방에 관한 책도 읽어야 한다. 그러다 보니 소설을 읽고 있는데도 주인공에게 공감하고 감정에 푹 빠져서 읽는 게 아니라 발제 거리를 찾고 있는 자신을 발견하게 된다. 자괴감이 안 드는 것은 아니지만 그것도 나쁘지만은 않다. 아니, 잘 생각해보면 잃은 것보다 얻은 것이 더 많다. 책을 꼼꼼히 읽는 법을 배웠고 다른 사람의 생각을 예상하는 법을 배웠고 책의 앞과 뒤를 엮는 방법을 배웠다. 어려운 책에서 발제를 만들기 위해 같은 부분을 두 번 세 번 읽다 보니 어느 순간 문해력이 조금씩 향상되고 있음을 느낄 수 있었다. 만약 '취미로서의 독서'만 경험했다면 이런 경험을 할 수 있었을까. 결국 독서를 취미에서 일로 변환하며 내가 잃은 것은 없다. 운동에너지가 위치에너지로 전환되듯, 즐거움의 성질이 변했을 뿐이다. 예전에는 '책의 스토리'를 읽어내는 것을 즐겼다면 이제는 '책 그 자체'를 읽어내는 즐거움을 알게 되었달까?

그리고 설령 조금 싫어하게 되었다 하더라도 뭐 어떤가. 어차피 '일'이라는 녀석은 항상 싫다!! 좋아할 수가 없다!!! 노동이라는 게 항상 싫은 거라면 그래도 내가 좋아하는 분야에서 일하는 게 조금이나마 더 낫지 않을까? 일한다는 사실, 그것만으로도 힘든데 그 일의 성격도 내가 좋아할 수 없는 것이라면 그것은 얼마나 끔찍한 일일까. 이러한 마음으로 난 사표를 던졌고(정확하게는 클릭했고) 하루하루 책을 읽으며 살고 있다. 돈은 못 벌지만 뭐 어때, 내가 내 삶의 모습을, 방향을, 방식을 긍정하는 것. 그게 더 중요한 일 아닌가? 이것이 내가 내 자존감을 채워가는 방식이다.

책방 연 걸 후회해본 적 있냐고?

'열다, 책방'의 독서 모임은 유료로 운영된다. 당연히 간단한 음료와 다과도 참가비에 포함되어 있다. 그런데도 종종 간식을 챙겨오시는 분들이 계신다. 그냥 '같이 먹고 싶어서' 수고를 아끼지 않는다. 가끔은 책방에서 혼자 앉아 있는 내가 걱정된다며 간식거리를 사다 주시는 분들도 있다.

바쁘지 않을 때는 서점 방문객들과도 대화를 나누는 편인데 오시는 분들은 한결같이 '너무 대단하다', '응원한다'고 말씀하신다. '집에 아직 읽지 못한 책이 쌓여 있어서 한 권밖에 못 사간다 미안하다'고 하신 분도 있었다. 그게 왜 미안한 일일까.

북클럽은 참가비가 있는 대신 도서 구입이 의무가 아니다.

그런데도 절반 이상의 회원들은 '열다, 책방'에서 책을 구매한다.(2024년부터 참가자에게 책값을 10% 할인하고 있다. 2023년까지는 정가를 다 주고 사갔다는 얘기다) 시간이 안 맞는다고 밤늦게 와서라도 사 간다. 인터넷 서점에서 책을 구매하면 할인도 해주고 배송도 문 앞까지 착착이지만 원하는 책을 굳이 '열다, 책방'에 주문하는 회원도 있다. 책을 수령하는 데 길게는 일주일까지 걸리기도 하는데, 괜찮다고 한다.

회사원 시절의 나는 '비관주의자'에 가까웠다. 대기업의 톱니바퀴 중 하나로써 내 역할은 협력업체에게서 성과를 뽑아내는 것이었고, 그 과정에서 사람과 사람 사이의 관계는 내게 큰 의미를 주지 못했다. 자본주의는 차가운 것이었고 책임은 미루는 것이 최선이었다. 특히 '고객'이라는 존재는 민원을 넣는 주체일 뿐, 가까이할 수도 가까이하고 싶지도 않은 존재였다.

하지만 책방지기로 만난 고객은 하나같이 따뜻한 사람들이었다. 독서 모임에 참여하는 회원들도, 한두 달에 한 번씩 들러 한 권씩 사 가는 단골도, 책방의 꿈이 있음을 수줍게 밝힌 책방 꿈나무들도, 심지어 납품업무로 만나게 되는 도서관 사서 선생님들도 먼저 고마워하고 먼저 미안해하고 먼저 챙겨주는 사람들뿐이었다. 함께 이야기 나누다 보면 아직 세상은 살만하다는 생각이 든다. 내가 이런 호의를 받아도 되는지 염치가 없어지는 순간도 있었다.

그래서 나는 당당하게 말할 수 있다. 책방지기라는 직업은 하는 것에 비해 많은 사랑을 받는 직업이라서 후회할 수 없는 일이라고. 물론 한 가지는 제외하고 생각해야 하지만.

열다지기 무물 Q4

Q: 학생 때는 바쁘니까 일단 급한 공부부터 하고 책은 좀 나중에 봐도 되겠죠?
A: 결정적인 한 권의 책은 공부하는 이유가 될 수도 있어요.(내가 건축과를 가게 된 이유)

내가 가졌던 첫 번째 꿈은 '과일장수'였다. 그중에서도 포터에 과일 잔뜩 싣고 다니면서 아파트 단지 앞에서 사과랑 딸기 파는 거. '과일 좋아함 + 돌아다니는 것 좋아함 + 차 멋있음'의 결과물이었다. 물론 중학교에 올라가면서 '무언가를 판다'는 것이 얼마나 어려운 일인지 깨닫고 포기했지만.

청소년기에는 딱히 하고 싶은 일이 없었다. 당연히 부모님은 '지금 당장은 꿈이 없더라도 나중에 꿈이 생겼을 때 고작(?) 성적이 안 된다는 이유로 좌절하지 않기 위해' 공부를 하라고 말씀하셨다. 매우 타당한 말씀이기는 하지만 솔직히 피부에 와닿는 이야기는 아니지 않은가? 중학교 3년과 고등학교 한 학기를 그렇게 목적 없이 공부하다가 고1 어느 날 한 권의 책을 발견했다. 당시 경희대 건축과 교수인 이은석 건축가가 쓴 『새로운 교회 건축 이렇게 하라』(이은석, 2001) 라는 책이었다.

건축 작품을 다루는 책이지만 건축 전문 출판사가 아닌 기독교 전문 출판사인 두란노에서 나온 책이다. 처음 읽었을 때의 충격을 20년이 넘게 지난 지금도 잊지 못한다. '신앙'이라는 추상적인 개념을 '공간'으로 표현할 수 있다고? 꺾여 올라가는 언덕길을 활용해서 아래층과 위층의 동선을 분리하고 그것으로 필수적이지만 상반된 성격의 공간들(프라이빗 한 예배 공간과 퍼블릭한 오픈 공간)을 자연스럽게 구분 운용할 수 있다고? 같은 공간임에도 동선을 연장함으로써 '경건'이라는 개념을 자연스럽게 묻어 나오게 만들 수 있다고? 여태까지 알지 못하던 세계가 그곳에 있었다.

이런 일을 하고 싶었다. 무언가를 말하지 않고도 전달하는 일. 그곳에 존재하는 것만으로도 이해하고 감화 받을 수 있게 만들어 주는 일. 내가 생각하는 것을 모두의 눈에 보이게 만들어 낼 수 있다니. 이루 말할 수 없을 정도로 멋지게 보였다. 무엇을 해야 하는지 어떻게 할 수 있는지 아무것도 모르겠지만 그런 건 대학에 가면 알려주지 않을까? 내게 재능이 있는지 없는지는 고려 대상이 아니었다. 애초에 '재능이 필요한 일'이 뭔지도 몰랐다!

"책으로 공부해야지"라는 생각이라도 할 수 있었다면 좋았겠지만 당시에는 책으로 무언가를 배울 수 있다는 사실을 알지 못했다. 책이라고 하면 교과서 아니면 소설책, 만화책밖에 몰랐으니. 17살의 내가 생각할 수 있는 한계는 바로 수능 공부였다. '건축'을 하고 싶다. 건축을 하려면 어떻게 해야 하지? 건축과 관련된 대학을 가야겠구나. 그러면 공부를 열심히 해야겠네. 딱 여기까지.

지금이나 그때나 계획성이라고는 눈곱만큼도 찾아볼 수 없는 ENTP이지만, 그래도 대학 입학에 대한 전략이 필요한 시기였기 때문에 나름 진지하게 계획을 세웠다. 그다지 여유롭지 않았던 집안 사정상 우리 부모님이 보내줄 수 있다고 약속한 대학은 'SKY+서강대'였다. 이게 얼마나 말이 안 되는 얘기인지 눈치채지 못했던 나 자신을 돌아보면 계획성만 없는 게 아니라 눈치코치 뭐 있는 게 아무것도 없었다.

일단, S는 그렇다 치더라도 K랑 Y는 대한민국에서 평균 등록금이 가장 비싼 학교였다. K랑 Y를 보내줄 수 있다는 말은 의대처럼 특별히 돈 많이 들어가는 학과를 제외하면 전국 어느 학교든 보내줄 수 있다는 얘기다. 게다가 서강대는 왜? 이과생에게 SKY+알파를 얘기하고 싶었다면 포스텍(당시엔 포항공대)이나 한양대 공대를 이야기하는 게 맞지 않을까? 즉, 부모님도 입시에 대해서는 아는 게 없었고, 거기에 말려든 나도 참 순진(이라고 쓰고 멍청이라고 읽는다)했지.

하여간 주어진 보기를 들고 검토해 보니 한 가지가 걸렸다. '사탐'. 애초에 내신 잘 받아서 수시로 대학을 간 이미 글렀고(당시엔 대학가는 방법이 수능 or 내신밖에 없던 시절이다) 수능을 잘 봐야 하는데 최상위권 대학들은 이과생에게도 '사회탐구' 영역의 점수를 요구하는 경우가 대다수였다. S는 사탐 점수를 100% 반영, Y는 50% 반영. 어라? 그런데 K는 사탐을 반영하지 않는다고? S랑 Y는 대학입시에 면접점수를 반영하는데 K는 논술이라고? 오히려 좋아! 내 길은 결정되었다. 사탐과 면접은 버린다. 오로지 K대의 공과대학 내의 건축공학과만 노린다. 그 때 나는 건축학과와 건축공학과의 차이도 몰랐다. 에휴.

사실 이 결정도 똑똑한 짓은 아니었다. 과목 하나를 버린다고? 사전에 준비된 거 아무것도 없이? 미친 거 아님? 뭐 결과적으로 딱 거기(만) 붙었으니 된 거긴 하지만.

당시 K대는 건축학과 없이 건축공학과 내에서 관련 수업을 이수하는 커리큘럼이었다. 전문화가 좀 부족했달까. 하지만 운이 좋게도 한-EU FTA로 인해 건축과는 5년제의 별도 학사과정을 수립해야 했고, 학교에서는 일단 '건축공학과 건축학 전공'이라는 매우 어정쩡한 전공을 급조했다. 우리가 그 첫 번째 학번이었다. 학교에서 5년간 무난히 공부를 마치고 건설사에 취업하여 11년간 잘 근무했으니, 등록금은 충분히 뽑은 셈이다. 지금은 전공과 무관한 책방을 운영하고 있지만 건축에 대한 애정은 아직도 식지 않아서 크지 않은 서가에 건축 책만 모아놓은 칸이 두 칸이나 된다. 그럼 굳이 건축을 전공하지 않았어도 되지 않겠냐고? 전혀 아니다. 건축이 아니었다면 나는 문화의 가치가 뭔지도 모르는 얄팍한 사람이 되었을 것이고, 독서의 진정한 가치마저 깨닫지 못했을 가능성이 크다. 고1 시기에 만난 그 한 권의 책은 지금의 나를 만든 가장 중요한 책이었다.

V. 그래도 간다

'열다, 책방' 2034

　10년 뒤에도 '열다, 책방'이 존재하고 있을 수 있을까? 우리나라의 자영업 5년 생존율은 30%대에 불과하고 그중에서도 사양산업인 서점업은 5년은커녕 최초 임대차 계약 2년이 종료될 때 문을 닫는 경우도 많다. 연수구 관내에서 30년간 서점을 운영해 오신 한 대표님은 한때 6개소에 달했던 인근의 서점이 모두 없어지고 자신의 서점만 남았는데 없어진 서점의 매출은 돌아오지 않더라는 이야기를 해주셨다. 실제로 책방을 운영하는 책방지기들과 대화를 나누다 보면 '언제까지 운영할지 모르겠다'라는 말을 많이 듣게 된다.

　'열다, 책방'도 마찬가지다. 1년 뒤에 3년 뒤에 책방이 어떤 모습일지 상상하기가 매우 어렵다. 하지만 구체적인 계획은 세우지 못하더라도 비전은 세울 수 있다. 이왕이면 비전이 거창할수록 좋다기에 만든 슬로건이 '인천 독서문화의 중심'이다. 대형서점, 도서관들을 제치고 엄지발가락 발톱만 한 작은 서점이 이런 문장을 앞세우는 이유는. 동네 책방만이 이룰 수 있는 목표라고 생각하기 때문이다. 매장의 절반이 문구와 전자제품, 장난감으로 채워진 대형서점은 독서문화를 만들어갈 수 있는 주체가 아니다. 중고 도서를 매입해 되파는 기업 또한 마찬가지. 어떤 책을 들일 것인가에 대한 고민을 시장에 맡겨 놓은 그들은 독서인 이라기보다는 상인에 가깝다고 생각한다. 도서관은 전문 교육을 받은 인원이 주어진 예산안에서 다양성 있는 서가를 갖추고 지역주민을 위한 프로그램을 기획/운영하기 위해 최선을 다한다. 하지만 동네서점 같은 절박함은 없다. 게다가 도서관은 이용자가 늘어나도 출판계의 여건 개선에 큰 영향을 줄 수 없다는 한계가 있다. 노력의 문제가 아니라 구조의 문제인 셈이다.

  동네 책방은 이 책을 들여야 하는 이유부터 사람들의 눈에 띄게 만드는 방법, 심지어 사람 손에 어떤 모습으로 들려서 책방을 떠나게 할 것인지(이별하는 모습까지) 고민한다. 그뿐만 아니라 기존의 독자는 더 책을 좋아하게 되고 비독자도 책에 관심을 가질 수 있는 기회를 만들기 위해 백방으로 노력한다. 게다가 동네 책방은 프로그램 중 대다수를 책방지기가 직접 운영한다. 외부 강사와 협업하는 경우도 종종 있지만 그거야 운이 좋을 때 얘기고.(강사비 마련하는 게 보통 일이 아니다)

기획, 운영, 진행까지 1인 3역은 기본이다. 당연히 참가자들의 피드백을 현장에서 피부로 느낄 수 있고 느낀 만큼 다음 프로그램이 개선된다. 이러한 생동감은 그 어떤 기관이나 단체에서도 느낄 수 없는, 하지만 성장에 있어서는 가장 핵심적인 부분이다.

독서문화의 최전선에 서 있는 플레이어로서 '열다, 책방'이 꿈꾸는 미래는 크게 두 가지이다. 첫 번째는 사람들이 책을 더 즐겁게 읽을 수 있도록 돕는 것, 두 번째는 앞에서 말했듯 0권 읽는 사람이 1권 읽는 사람이 되고 1권 읽는 사람이 2~3권 읽는 사람이 될 수 있도록 돕는 것. 독서 인구가 늘어나면 자연스레 책의 다양성도 더욱 풍성해지고, 책 가격 인상의 속도도 늦춰질 것이라고 믿는다. 이를 위해 다양한 좋은 책을 발굴하고 눈에 띄도록 계속 제시하며 읽을 동기를 만들어주는 것이 '열다, 책방'이 지금 하는 일이다. 2024년부터는 출판사를 시작하며 '쓰기'에도 관심을 두고 있는데 그에 대해서는 뒤에 다시!

'독서'의 시대는 다시 돌아올까?

내가 책방을 열겠다고 하자 친구가 이렇게 말했다.

"너와 네 주변 사람들이 좋아한다고 많은 사람이 그걸 좋아한다고 생각하는 건 착각이야."

그래서 대답했다.

"아니 그건 니 생각일 뿐이고. 내 주변에는 애초에 책 좋아하는 사람 별로 없다고. 너도 책 안 읽잖아."

"응??????"

"독서 모임 오는 사람들도 맨날 그 얘기 하거든. 주변에 책 읽는 사람이 없다고."

"???? 근데 왜…?????"

친구의 벙찐 얼굴. 내가 이겼다. 후훗.

2년에 한 번씩 문화체육관광부에서는 '국민 독서 실태조사'를 실시한다. 가장 최근의 조사는 2021년 9~11월에 시행되었는데 이 조사 결과가 상당히 충격적이었다. 1년 동안 교과서나 참고서, 수험서를 제외하고 읽은 책(전자책, 오디오북 포함)이 한 권 이상인 사람의 비율을 '연간 종합 독서율'이라고 하는데 성인 기준으로 이 '연간 종합 독서율'이 47.5%가 나온 것이다. 즉, 1년에 책을 단 한 권도 읽지 않은 사람이 52.5%. 절반이 넘는다. 2019년 조사에서는 독서율이 50%는 넘었는데 최초로 50% 밑으로 떨어졌다고 한다.

한 권 이상 읽은 사람이 47.5%라면 그중에 빌리지 않고 책을 사서 본 사람은 과연 몇 명이나 될까?(악! 내 뒷목!!) 이게 다가 아니다. 지난 5년간 출간된 책의 종수는 늘었지만 전체 부수는 제자리걸음이라고 한다. 이게 무슨 뜻이냐면, 출판계에도 롱테일의 법칙이 적용된다는 뜻이다. 소수의 읽는 사람은 예전보다 더 많은 책을 읽고 대다수의 사람은 점점 더 안 읽는다는 거지! 그나마 팔린다는 베스트셀러 목록을 보면 '자기 계발', 그중에서도 '부자 되는 법', '부동산/주식 잘하는 법'의 비중이 날로 커지고 있다. 내 책방에서 팔지 않을 책들!!(뒷목22222!!!!)

1년에 한 권 이상을 읽는 사람은 절반도 되지 않는다. 남은 52.5%의 사람들은 내게 묻는다. 책을 왜 읽어야 하냐고. 정보는 유튜브에서 얻는 게 더 편하고 빠르다. 책의 정보는 이미 옛날 정보일 가능성이 높다. 맞다. 정보만 얻을 거라면 책을 읽지 않아도 된다. 맛집이 어디 있는지 요리를 맛있게 하고 싶으면 어떻게 해야 하는지 부동산 계약할 때 어떤 점을 주의해야 하는지 알고 싶다면 유튜브에서 검색하면 된다.

하지만 한 단계만 더 들어가보자. 누군가가 맛집을 만들기 위해 어떤 운영 철학을 갖고 있으며 어떠한 노력을 했는지 고작 15분짜리 영상으로 알 수 있을까? 내가 만든 음식을 맛있게 먹고 있는 자녀 앞에서 돌아가신 엄마의 손맛을 그리워하는 사람의 마음을 쇼츠로 전달할 수 있을까? 우리나라 부동산의 현재가 왜 이렇게 되었는지 근거를 파고들어가서 미래에 대한 가치관을 세우는 일을 유튜브가 해줄 수 있을까?

단순 지식을 습득하는 데는 유튜브만 한 매체가 없다. 하지만 지식에 깊이를 더해 사고를 만들어내는 데는 '책'만 한 매체가 없다. '내'가 그 자리에 놓여서 상대를 이해하고 공감하게 되는 데도 '책'만 한 매체가 없다. 책을 한 권 읽는다는 것은 책 한 권 분량만큼의 지식을 얻는다는 것을 의미한다. 동시에 책 한 권 두께만큼의 사고력을 키웠다는 이야기이기도 하고 책 한 권 두께만큼의 감수성과 공감 능력이 성장했다는 이야기이기도 하다. 이 두께는 나 자신과 타인을 이해할 수 있는 생각의 깊이를 의미하기도 하고 다른 사람이 나의 삶에(또는 마음에) 들어올 때 그 사람을 받아낼 수 있는 내 마음 속 쿠션의 두께이기도 하다. 아무래도 영상 기반의 매체로는 달성하기 힘든 깊이감이다.

최근의 도서 판매 경향을 보면서 개인적으로 아쉬운 부분이 있다. 전체적인 도서 판매량이 줄어드는 것도 문제지만 그나마 팔리는 책들도 상당히 편향되는 추세를 보인다는 점이다. 크게 재테크를 중심으로 하는 자기계발서/추리, SF 등의 장르문학/힐링 중심의 에세이와 소설, 이런 경향을 보이는데 세 분야 자체가 문제라는 건 아니다. 문제는 치우치는 현상이다. 세상 모든 일은 장단점이 공존하는데 어느 한 분야에 치우치게 되면 장점만큼이나 단점이 극대화될 여지가 있다. 구체적으로 풀어보자면 자기계발서 책은 가치의 기준을 금전으로 일원화하여 정신적, 사회적 가치에 대한 공감 능력이 감소할 수 있는 리스크가 있다. 장르문학은 현실에서 유리되는 경향이 타 문학 장르에 비해 강하며 힐링만 이야기하는 글은 (주로 사회적 구조에서 비롯되는) 문제의 원인을 분석하고 해결하기보다는 응급처치로 끝나게 될 가능성이 높다.

다시 말하지만 그래서 읽지 말자는 이야기가 아니다. 자본주의를 살아가는 사람으로서 우리는 재테크를 알아야 하고 가끔은 현실에서 떠나 상상의 세계에 빠질 필요도 있으며(오히려 상상의 세계에서 현실을 발견하게 되는 경우도 많다) 정말 아픈 사람에게는 냉정한 진단과 치료에 앞서 응급조치가 필요하다. 하지만 각 장르의 단점을 직시하고 보완하는 것은 쉽지 않은 일이다.

신체의 건강을 위해 가장 중요한 것이 균형 잡힌 식사인 것처럼 개인과 사회의 정신건강을 위해서는 균형 잡힌 지식과 사고가 필요하다. 하지만 유튜브 알고리즘도 편향된 독서도 원래의 취지가 무엇이든 간에 결과적으로 우리를 편향된 시각 안에 가둔다. 그렇게 형성된 자신만의 영토에 개인주의는 철의 장막을 세운다. 삶의 멘토를 찾는다고 하는 사람들 또한 일정한 폭을 두고 그 안에서만 찾으며 자신과 생각이 다른 사람의 말을 듣는 기회 자체를 만들지 않으려 한다. 세상은 넓고 공부할 게 워낙 많으니 다른 분야에 대한 관심은 접고 내가 좋아하는 분야에 집중하는 것은 전문성 강화에는 도움이 되겠지만 과연 그것이 우리 모두를 위한 일일까?

 2023년 작고하신 철학과 교수 출신의 작가 페터 비에리는 저서 『페터 비에리의 교양수업』(은행나무, 2018)에서 교양의 의미를 "방향성, 깨어 있음, 자아 인식, 상상 능력, 자기 결정, 내적 자유, 도덕적 감수성, 예술, 행복 등 그야말로 모든 것을 다 아우르"(41p)는 것으로 설명한다. 그가 말하는 '교양'은 한 개인의 종합적인 발전과 이를 통한 사회적 통합까지 아우른다. 이를 위한 최고의 매체는 '책'이라고 생각하지만, 책을 읽는다고 모두가 사고의 폭을 넓히는 독서를 하지는 않는다. 그래서 나는 늘 '독서 모임'을 권한다. 내가 평소에 읽지 않던 책을 읽게 하고 나와 다른 생각을 하는 사람을 만나게 되는 시간. '내가 잘못 알고 있었나?'를 스스로에게 반문할 수 있게 해주는 시간. 내 사고의 틀을 깨는 것은 처음에만 어렵지, 한 번 경험해 보면 그만큼 짜릿한 일도 없다. 새로운 것을 보고 듣고 느끼면서 책에 대한 애정이 커지는 시간. '열다, 책방'의 독서 모임을 통해 책으로 돌아오는 사람이 많아지면 좋겠다.

꽃길 말고 흙길

2024년 2월 2일 금요일. 연수구청에서 문자가 왔다.

"안녕하세요. 문화관광과입니다. 신청하신 출판사 신고 건이 처리되었음을 알려드리니…."

출판사 '오리너구리'가 신고 완료되었다는 문자였다. 그 순간의 감정은 책방을 오픈하던 날 느낀 것과 비슷했다. 설레면서도 마음 한쪽이 무거워지는 그런 느낌.

이제는 모두가 알지만 책방 스스로는 월세를 감당하기 어렵다. 책방과 책방지기의 명줄을 붙여놓기 위해서는 월 400권(최저임금의 절반 정도 가져갈 수 있다), 건사해야 할 가족이 있다면 최소 1,000권(하루에 40~50권)의 책이 팔려야 하는데, 과연 대한민국의 독립서점 중 그만한 매출을 내는 곳이 과연 몇 군데나 될까? 이러한 내용을 책방 오픈 전부터 알고 있었기 때문에 부족하디 부족한 책방의 매출을 보완할 대비책으로 '출판사'를 고려하고 있었다. 책방 오픈 준비 기간을 활용해 한겨레 교육센터에서 출판, 편집 관련 수업을 받기도 하고 이런저런 모양으로 연을 맺게 된 1인 출판사 대표님들에게 현실을 듣기도 했다. 가능한 모든 곳에서 정보를 취득한 결과, 나의 결론은 "하지 말자!"였다. 1인 출판사 중에서 안정적인 수익을 내는 곳은 손에 꼽을 정도였고 그 몇 안 되는 수익 내는 출판사는 대표님이 정말 뼈(와 관절)를 갈아 넣고 있다는 것을 알게 되었기 때문이다. 작가와의 미팅, 제작 관리와 검수, 창고관리며 도매처와의 협의 등 출판사로서 반드시 해야 하는 업무 중 상당수가 책방에 얌전히 앉아서 할 수 있는 일이 아니었다. 그렇게 꿈 하나를 접는가 싶었던 어느 날, S님이 말씀하셨다.

"제가 예전에 편집 일을 좀 했었는데요."

어, 이럼 안 되는데. 이러면 멈출 수 없잖아.

이렇게 네 명의 멤버가 모였다. 독서 모임을 함께 만들어왔던 S님과 H님, 에세이 쓰기 모임을 이끄시는 V님까지. S님은 출판사에서 몇 년 일해보셨고 H님과 V님은 공저자로 독립출판을 해본 분들이다. 아무것도 해보지 않은 나에 비해 경험이 조금 더 있기는 하지만 전문가라고 하기에는 턱없이 모자란 경험치들이다. 하지만 교세라의 이나모리 가즈오 회장도 말하지 않았던가. 새로운 일을 해낼 수 있는 사람은 전문가가 아닌 초심자라고.

현재 인천교육청의 슬로건은 '읽는 인천, 걷는 인천, 쓰는 인천'이라고 한다. 셋 중 하나도 제대로 하는 건 쉽지 않지만 뭐 일단 '걷는' 것은 서점의 영역이 아니니 넘어가고 '읽는' 것뿐만 아니라 '쓰는' 것까지라. 이에 대한 아주 좋은 답이 있다. "독립출판"이다. 최근 몇 년 사이 독립서점이 많이 늘어나면서 전국 각지에 '글쓰기 모임'이 생겨났다. 글을 쓰고 나면 내 글을 다른 사람에게 보여주고 싶어지는 것이 인지상정! 독립출판물의 판매를 전문적으로 다루는 인디펍(https://indiepub.kr)에 입고되는 독립출판물도 크게 늘었다. 그중 가장 큰 비중을 차지하는 장르는 에세이. 어렵게 글을 쓰더라도 책으로 만드는 일은 또 다른 문제다. 자신의 글을 객관적인 눈으로 검토하는 일도 쉽지 않을뿐더러 제작이나 유통까지 생각을 뻗어본다면 그야말로 산 넘어 산이다.

그렇다면 이런 부분들을 도울 수 있지 않을까? '책 만들기'에 들어가는 노력을 아껴 본질적인 '글쓰기'에 집중할 수 있게 도와보자. 그러면 보다 많은 사람들이 '책'에 대한 부담이 줄어들 테고, 줄어든 부담만큼 애정을 채울 수 있지 않을까? 내 책이 나온다면 다른 사람의 책에도 더 관심을 갖고 읽게 되지 않을까? 글쓰기가 얼마나 힘든 것인지 알게 된다면 다른 사람의 글도 보다 따뜻한 시선으로 보게 되지 않을까? 글쓰기와 읽기가 더 널리 퍼지면 이를 통해 서로 생각과 감정을 교류하는 아름다운 세상이 열리지 않을까?

이런 생각으로 출판사 오리너구리를 시작했다. 문제는 우리의 경험치가 너무 적다는 건데, 누가 경험도 없는 출판사에 투고를 할까, 아니 한다고 해도 원고료를 줄 자신이 없다! 원고료 지급에 대한 부담 없이 작업할 수 있는 책이 뭐가 있을까 하니 결국 만만한 게 사장이더라. 컴퓨터에 잠자던 이 원고를 꺼내 오리너구리의 먹이로 내놓았다. 나름 자신 있었는데, 첫 검토 회의 이후 지금까지 새로 쓴 분량이 체감상 70%.(수정을 전혀 하지 않은 문단은 0%)

물론 이 뒤로도 다양한 책이 나올 예정이고 보다 적극적인 활동을 위한 Phase2도 계획하고 있다. 아직은 구체적으로 말하기는 어렵지만, 출판사 오리너구리가 성공적으로 시장에 안착한다면 오리너구리 오픈 2주년쯤에 새로운 에세이로 돌아올 수 있지 않을까? 그날이 제발 오기를.

Epilogue. 내일도, 열다, 책방

아무리 좋아서 시작한 일이라 할지라도, 나 자신의 자존감을 키워줄 수 있는 존재는 나 자신일 뿐임을 알고 있다고 할지라도 주변에서 인정해 주지 않는다면 그 애정을 키워나가기 쉽지 않다. 2024년에 들어서며 독서문화를 위한 정부 지원은 대부분이 삭제되었고 그에 호응하기라도 하는 듯 책방을 찾는 발길도 뚝 끊겼다. 그전이라고 손님이 많았던 것은 아니지만 일주일에 3명(하루가 아니다!!)이 방문하는 날들이 이어지다 보면 '내가 뭔가 잘못하고 있는 것은 아닐까' 하는 고민이 들 수밖에.

그럼에도 불구하고 아침에 일어나 출근 준비를 할 수 있는 힘은 곳곳에 책방을 지켜보며 힘을 실어주고자 하는 사람이 있음을 알기 때문이다. 별 내용 없는 인스타 피드에도 좋아요를 꼬박꼬박 눌러주고 가는 50여 명의 사람들과 온라인 서점에서 사도 될 책을 굳이굳이 책방으로 주문하고 기다려주는 사람들. 독서 모임이 한 달의 삶 속에서 유일한 힐링이라고 말해주는 북클럽 회원들. 바위에 던져지는 계란임을 알면서도 함께해 주는 오리너구리 멤버들. 이들이 있기에 내일도 나는 일어나 책방의 문을 열 것이다.

아, 내일 일요일이구나. 다음 주에 만나요~!

부록. 응원의 마음을 담아, N

이런 이런….

우리 열다 책방의 훈남 지기님이 드디어 큰일을 내셨네.

마음을 쏟아내릴 큰일이 아니라 힘껏 손뼉을 칠만한 기분 좋은 큰일이다. 기다리고 고대했던 우리 '열다 책방'의 첫 책이 나온 일이 바로 그 큰일이다.

내가 열다 책방과 인연을 맺은 건 '열다 책방'이 오픈하고 바로 며칠 후였다. 책방 위 스터디 카페에서 공부하던 딸이 엄마가 좋아할 책방이 생겼다면서 들뜬 얼굴로 얘기를 했고 그 길로 바로 방문을 했다.

방문한 나는 좀 놀랐다. 책방지기님이 내가 짐작했던 연세 지긋한 분이 아니라 젊고 잘생긴, 뭐 보는 이들의 시각에 따라 다를 수도… 음…남자분이라니… 거기에 건축학을 전공하고 대기업 사원이었던 이력까지…

처음에는 오래 하기를 응원하면서도 돈벌이가 안되는 이 일을 얼마나 버틸 수 있을까 내심 걱정도 됐지만 웬걸, 이 책방지기는 독서 모임뿐만 아니라 단순히 '책 수다'를 떠는 친목을 도모하는 책맥데이, 작가와의 만남, 북 토크, 도서관과 연계하는 모임 등 그 영역을 계속 확장해 나가더니 급기야 독립 출판을 기획하고 드디어 첫 책을 출간하기까지 했다.

사실, 작은 독립서점은 많은 돈벌이가 안 된다. 돈을 벌 욕심으로는 이런 작은 독립서점을 하면 안 된다. 독립서점을 운영한다는 건 정말 '책'을 사랑하지 않고는 할 수가 없는 일이다. '책'을 사랑하는 사람들은 모두 아는 사실일 것이다.

따라서 젊은 나이에 이 일을 해나간다는 건 '책'에 대해 대단한 애정이 있다는 뜻이 된다. 더구나 왕성한 젊은이이니 그 열정까지 더해서…

온라인 서점이 대세가 된 요즘에 오프라인 서점은 정말 그 존재 자체가 귀하다. 하물며 내가 사는 우리 동네에 이렇게 활발하게 움직이는 착한 책방이 있다는 건 책을 좋아하는 내가 누릴 수 있는 특권이다!

돈벌이가 안 되는 귀한 책방을 운영해'주시는' 열다 책방지기님! 내가 물질적으로 도움은 줄 수 없으나 지기님이 책방을 지켜주시는 마지막 날까지 책으로, 마음으로 끝까지 진심으로 응원할게요. 오래오래 '열다 책방' 지기님으로 계셔 주시기를…

열다 시리즈 1
K-공대생 열다, 책방

초판 1쇄 인쇄 2024년 4월 17일
초판 1쇄 발행 2024년 4월 24일

지 은 이	김은철
발 행 인	김은철
책 임 편 집	박상미
편 집	배은미, 정세희
디 자 인	김종화, 이진희
제 작	넥스트
펴 낸 곳	오리너구리
등 록	2024년 2월 2일
주 소	인천광역시 연수구 앵고개로 264번길 30-3 3층
전 화	032-816-7169
전 자 우 편	ori_rakkun@naver.com
인 스 타 그 램	@ori_rakkun

ⓒ김은철 2024
ISBN 979-11-987419-0-5 03810

이 책은 저작권법의 보호를 받는 저작물로 무단전재, 복제, 배포를 금합니다.
이를 위반 시 민사 및 형사상의 법적 책임을 질 수 있습니다.
책 내용의 전부 또는 일부 내용을 이용하려면 반드시 사전에 저작권자와
출판사의 서면 동의를 받아야 합니다.